いのちに寄り添う
自宅介護マニュアル

これから介護と向き合うあなたに

やぎひろみ 著
横山ふさ子 絵

新曜社

はじめに

　イタリア生活30年、その間、じつの娘のようにかわいがってくれた人がアルツハイマーになり、イタリア式の自宅での介護との向き合い方を実体験しました。そして30年後、今度は、足が悪くなってしまった母の介護を日本の自宅で10年間おこないました。一人で介護をするのはとてもたいへんです。できれば二人以上でするのがベターですが、一人で向き合わなければならない場合もあります。

　介護実践について一応いろいろな予備知識を得ておきたい方、さまざまな事情でどうしても介護をすることになりそうな方、利用したくてもあまり介護保険制度のお世話にはなれない方、介護をしていた人が病気になり急に介護をひき受けなければならなくなった方、経済的な理由、施設の空き待ちなどで、一時的にしろ、自宅で介護をしなければならなくなった方。制度を利用していても要介護度によっては、デイサービスやショートステイを利用できる回数にはかぎりがあります。地域によっては施設の空き待ちは、最低3か月があたりまえになっています。

　人手不足が深刻だったところに、新型コロナウイルス感染症の影響もあり、今後も施設入居者受け入れ数が急激に増えることがあまり期待できないことを考えると、各自が介護の予備知識をもっていることは、すくなくともすべてがロボット介護に移行するまでは、案外必要なことなのではないでしょうか。自宅での介護がままならなかったり、じゅうぶんな態勢がとれなくても、できることだけ取り入れていただくことは可能だと思いますし、頭の片隅に準備をしておくだけで、気持ちのもちようが変わります。

自宅ですでに介護をしている家族は、それぞれの住宅事情や、介護される人の精神的・身体的状況に応じて、試行錯誤を重ねながら工夫してやっておられるのだと思いますが、介護で手いっぱいになっていることもあり、家族による具体的、実践的な介護術の詳細は、なかなか外にはでてきていません。

　本書は、自宅で寄り添うための具体的な介護実践の詳細を、“こんな方法もありだ”という一例としてご紹介しています。食事の世話からトイレの世話にいたるまで、とても具体的な世話の仕方を詳細にご紹介しますが、介護認定度が同じでも認知症の人と、おもに運動機能障害の人の世話ではまるでちがいます。けれども高齢になればなるほど、程度や状況のちがいこそあれ、両方の障害がミックスされるケースも増えていきます。

　もちろんすべてのケースを網羅しているわけではありませんし、あてはまらないこともあるかと思いますが、人間という“命”、“からだ”、“心”との向き合い方として、共通にどんなケースにもあてはまる情報もたくさん見つかると思います。

　人間のからだは不思議なほどよくできています。母の世話を通じて人体に自然に備わっている治癒力、からだのさまざまな仕組みがじつにうまくできていることに毎日感嘆させられました。母に寄り添うことは、そうしたからだのしくみの一端に間近でふれることのできる貴重な体験でもありました。

　本書は、定期的な往診のお医者様の指導のもとに、家族が自宅で介護をすることを前提としています。各項目では、ほとんど自立している場合から完全に寝たきりの場合までを扱っています。はじめから読み物としても読んでいただけますし、必要なときに必要な部分だけ読んでいただくこともできます。参考にしていただければ幸いです。

　母の介護をしていたときはまだ新型コロナウイルスがなかったので、手の消毒やマスク着用について各項で言及してはいませんが、大事な人を守るためです。ぜひ念入りに心がけたいと思います。

＊ 目 次 ＊

装幀　新曜社デザイン室

本書でご紹介する介護便利グッズ

第1章　住みやすい環境とからだの移動

　年を重ねると個人差はありますが、本人も周囲もまったく気がつかないうちに転びやすくなっていることがよくあります。いつのまにか筋力がおとろえ、見える視界が狭くなり、反射神経がにぶり、注意力が散漫になってしまっているのです。転んで大腿骨頸部を骨折すると、いろいろなレベルで心身のおとろえを大きく進めてしまう原因にもなります。"転ばないこと"は実は切実に考えるべき課題なのです。障害がないうちはあまり真剣に考えないものですが、**障害のないうちにこそ、住みやすい環境づくりを考えておきたいものです。**

住みやすい環境

　シルバー世代のための安全な環境として介護現場でよく耳にするのが「物がいろいろ置いてあるとつまずいて転びやすいから、なるべく広く見通しのよい環境にしておきましょう」という言葉です。車いすの利用や介護のしやすさ、救急時の運び出し作業などを考えるとたしかに広い環境は、車いすの人、介護をする人にとっては動きやすい環境です。

　ところが、こういう広い環境は、本人にとっては少しも便利ではないのです。とくにまだ車いすを使わない段階、少し動きが不自由になってきた段階で、家の中を一人で歩き回らなければならない場合は、これでは危なくてとても動くことができません。むしろできるだけ通路を狭くして、両側につかまる場所があるほうが、はるかに安全で自立ができる環境です。

手すり

手すりは転ばぬ先の杖

　転ばないためには、散歩などの運動をかかさないこと、筋力を鍛えておくことはもちろん理想です。けれども、それがなかなか実行できないことも多いものです。そのようなときには手すりを廊下や階段、玄関、トイレ、風呂などにつけておくことは"転ばぬ先の杖"として、とても役に立ちます。

手すりのハードルの高さ

　病院などで手すりの使われ方をじっくり観察してみると（約7か月間、4つの病院で毎日観察）、足腰が悪く、よく歩けない高齢者にとって"自分で手すりにつかまって、からだを支えて歩くこと"は、とてもハードルが高い作業であることがよくわかります。どこの病院へ行っても立派な手すりがさっぱり使われていない実態を目にします。握力があまりない場合、手首やひじ、肩などが痛い場合、背筋、腹筋なども含め、体幹部に力がない場合、手すりを握っただけでは到底からだを支えきれないほうが、むしろ普通だとさえいえます。

介護保険制度と手すりの設置

　ところが介護保険制度を利用した工事の定番は手すりの設置です。介護度が認定されないと制度は使えませんから、思うように動けなくなってしまってから設置することも多くなるようです。あえて言いますが、「介護保険制度で安くできるから手すりをつける」、「手すりをつければ一人で動けるようになるだろう」と安易に考えてつけるのはやめたほうが無難です。

手すり設置で考慮すべきこと

　手すり設置のむずかしさは想像以上です。制度を利用してトイレ、風呂、玄関先などに手すりをつけたのですが、残念ながら多くは無駄に終わりました。手すりが細すぎたり太すぎたり、硬すぎたり痛かったり、握力が足りず思うように握れなかったり、取りつけ位置が高す

ぎてうまく力が入らなかったり、ほんの1～2センチ遠くて手が届かなかったりで、結局ほとんどが使えずじまいでした。注文のときに何度も本人と相談をして工事を発注したにもかかわらずです。安くできるからといっても無駄になるのでは意味がありません。

　若い人にはピンとこないと思いますが、手すりは単にあるだけでは役に立たないこともあるのです。一番支えが必要な時期に、ほとんど使えないしろものができてしまう恐れもあるのです。手すりはやはり"転ばぬ先の杖"と考えるほうがよいと思います。

　もしも経済的に可能であれば、手すりにつかまること自体に慣れ、握力強化や手首、ひじ、肩の訓練のためにむしろ"なくて大丈夫"なうちにつけましょう。普段から使っていれば、手すりを使うこと自体に慣れますから、本当に必要なときに役に立ちやすくなります。

　手すりをつけるときは、通路の幅がそのぶん狭くなることを考え、将来車いすを使うことなども想定した上で、つける場所をよく吟味しないとあとで困ることがあります。手すりのせいで、ほんの少し幅が足りずベッドが入らないなどということがないように、そうした意味も含めて位置をよく検討しましょう。

歩行器

　歩行が困難なときに利用をすすめられるのが歩行器です。器具自体が動く歩行器は、不自由な体が安定しないので、うまく使いこなせるまでに、かなりの練習を必要とする場合があります。家の中ではスペースも必要ですし、握る動作がうまくできない場合には利用はむずかしく、また握ることができても、歩行器につかまらなければならないので手が使えず、自立をめざす日常生活ではあまり実用的でないことがあります。家が広く、家族が同居していて、本人が歩行練習に専念できるような場合にはとても役に立ちますが、そうでなければかえって邪魔になることもありますから注意しましょう。

つかまり・寄りかかり歩き作戦

　物の位置や間取りがよくわかっている自宅ではむしろ、決まった場所につかまること、寄りかかることのほうが、はるかに簡単で実用的です。これならば、かなり重い介護度の人でも一人で動くことができます。

　環境作りの第一歩は、つかまりやすい、寄りかかりやすい環境作りです。たとえば、トイレへの通路などよく通る場所は、なるべく狭くして両側のどこかにかならず寄りかかれるように、つかまれる場所を作っておきます。左手が痛い、右肩が痛いなど、特別に痛いところがある場合には、痛くないほうの手でつかまれる場所や、背中でよりかかれる場所をたくさん作ります。

　歩くことが不自由な場合は、手すりよりも、ひじから手のひらまで全体を使って寄りかかって体重を支えるほうがずっと楽です。これが

つかまり歩きの家具設置例

できるようにするには、上から寄りかかれる低い家具があると、とても便利です。一人用の動く歩道のような構造が理想です。

寄りかかりやすい家具

　家具の高さは身長にもよりますが、腕を自然に下したとき、ひじよりも少し低目のところに家具があれば理想的です。うちではいわゆるカラーボックスをいくつも買って、廊下や部屋の出入りの要所に置き、ところどころにすでにある机や椅子や戸棚を置きました。カラーボックスのよいところは、軽くて扱いやすく、簡単にどこにでも置いたり動かしたりできるところです。本人と試しながら一番使いやすい場所に設置するようにします。とはいえ、よけいな家具が増えないように、まずは家にあるものの活用を最大限に考えましょう。

家具の固定

　置く場所が決まったら、家具やカラーボックスは、耐震用の家具転倒防止粘着マットなどで固定します。(注:粘着マットはとても強力で、1回貼ったものを無理にはがそうとすると、床や家具の表面材をはがしてしまい傷つけることがありますから、はがすときは絶対に引っぱらず、ナイフの先などをゆっくりと差し込んで端からゆっくりは

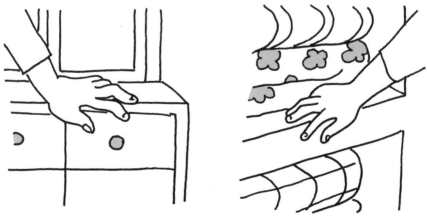

つかまるスペース

がしましょう！　ゲル剤のものは何度でも洗って使えます。例：転倒防止粘着マット　アイリスオーヤマ製など）

背の高い家具の活用法

　背の高い家具しかない場合には、本人がつかまることのできる高さの棚に、ほんの少しスペースをつくるだけでも、ずいぶん移動が楽になります。ただし、ぐらついて倒れそうな家具、体重をかけると壊れそうな棚は危ないですから、頑丈な家具にかぎります。なければ壁のほうがはるかに安全です。動くときに何かしら寄りかかれる場所、つかまれる場所が方々にあることが肝心なのです。つかまるスペースの片側は、小指から中指までの指3本がのるスペースがあるだけでもずいぶんちがいます。こうして家中を安全につたい歩きができるようにすると、自立度が確実に高まります。

背の低い家具のすすめ

　年を取ると背骨の圧迫骨折などで、気がつかないうちに背が低くなったり、肩の痛みで腕がよく上がらなくなったりで、だんだん高いところの物が苦手になります。そうなると「とってくれ」がはじまります。背の低い家具を上手に利用すると格段に生活が楽になり、自立度が増します。高いところの物を取ろうとして落としたり、バランスをくずしてひっくり返るリスクも減ります。冷蔵庫も含め、家族が最初に手伝う高齢者のための快適な環境づくりは「使いやすいように低目の家具に物を片づけること」です。

　本人と一緒に、実際に出し入れがしやすいかどうかをよくたしかめながら、一番使いやすい場所にそれぞれ物の位置を決めます。場所が変わるとわからなくなることがよくありますから、本人から特別の要望がないかぎり、なるべく元の場所に近い、よく見えるところに置くのがコツです。車いすのときにはなおさら低い家具は必需品になります。

家具上のクッション材

　手でつかまったり、ひじで寄りかかったりする家具の上面や角が痛い場合は、段ボール箱を折りたたんで上に置くと固すぎず柔らかすぎ

ず、ほどよい感触です。そのままで気になるときは、上にバスタオルなどをかけます。ただし、家具の上にこのようなクッション材を置く際には、ずり落ちたり動いたりすると転ぶ原因になってあぶないですから、動かないようにしっかり固定します。

　固定には着物用の腰ひもか、旅館で使う寝間着の帯が、ほどよい強さとしなやかさで便利です。縄や包装用のひも、スーツケース用のベルトなどいろいろ試してみましたが、つかまることも考えると、握っても手が痛くなりにくい腰ひもはとても重宝です。短いひもは何本かつないで使います。この頃は色がカラフルなものもあり、洗濯もでき、かえって楽しい環境づくりさえできます。ベッドにもマットレスに3本ほどぐるりと巻いておくと、ベッド上で座って移動したい段階の人には、つかまるための便利なツールになります。

ひじあてクッション

　家具の上に段ボールなどのクッション材を置きたくなければ、本人のひじのほうに、クッションをつけます。作業用のひじカバーを使い、中に尿とりパッドを入れると、クッション性がよくなり、家具の上にひじや腕をついても痛くなくなります。こうすれば服の袖も汚れにくくなり一石二鳥です。楽しいおしゃれなひじカバーを作ることも可能です。

尿とりパッドの活用術

　尿とりパッドを使うことに、はじめは抵抗があるかもしれませんが、尿とりパッドは清潔で、たいてい固定用テープがついていますから、とても便利なのです。こういうクッション材としての使い方以外にも、介護のさまざまな場面、たとえば、傷の手当てをするときの傷口洗浄水の吸い取りマット、湿布などのガーゼ・包帯代わり、床ずれになりそうなおしりのでっぱり（仙骨）や、肩甲骨など、寝ているとあたって痛くなりやすい部位の予防クッション、便座ずれを防ぐ便座クッションなど、いろいろなことに利用できますから、尿とりとして使わなくても常備しておくととても便利です。

すわり移動のひもかけ

手袋の利用

　手のひらが痛いときは、指先だけ出せる手袋も便利です。低反発の
スポンジなどクッション材が入っているものもあります。水を使わな
いときは、薄手の皮製の手袋が、素手と同じように細かい作業——財
布から 100 円玉を取りだす——などができて便利です。夏は汗をか
いてしまって手袋をはめたくないこともありますが、ニトリルゴムの
使い捨て手袋などもよいすべり止めになり、少しは痛さが軽減されま
すから試してみてください。なお、ゴム手袋はゴムアレルギーの人は
使えませんから注意しましょう。

トイレ・脱衣場の自立性アップ

おでこクッション

　どこかにつかまらないと長く立っていられない人のためには、脱衣
場などで両手が使えるように、家具の上や壁などにおでこで寄りかか
れる場所をつくっておくと、とても役に立ちます。棚や壁にかわいい
タオルなどを適当な大きさに畳んで粘着テープなどで止めます。トイ

両面テープ

小タオルの耳を
内側にたたむ

おでこクッション

レでも壁に額で寄りかかれる場所を作ると、パンツの上げ下ろしなどで両手が使えるので自立性が格段に高まります。この場合、おでこクッションが落ちたり動いたりしては危ないので、しっかり動かないように固定しましょう。

歩行の介助

電車ごっこ風介助

　ゆっくりなら一人で歩ける場合には、必要に応じて家族が手をさし伸べたり、肩を貸したりしていると思いますが、狭い場所では、家族が腰に太めのベルトをつけて前をゆっくり歩き、後ろからベルトにつかまって歩いてもらうのもよい方法です。ベルトには手が痛くならないように必要に応じてタオルやスポンジなどを巻きます。最初は本人が動くときは家族がじっとし、家族が歩くときは本人にはじっとしてもらうとより安全です。よく声をかけあってリズムを合わせて歩いてみましょう。

　家族が後ろ向きに後ずさりして手を貸すときは、後ろに障害物がないことをよくたしかめてください。介助者がつまずいて思わぬ怪我の原因になっては困ります。けれどもこうした方法は、一人でかなり歩ける場合です。どこかにつかまって少しのあいだ立っていることはできても、ほとんど歩行が困難な人には次の方法があります。

歩行介助ロボット風介助

　まず本人には下半身に丈夫なズボン、たとえばトレーニングウェア

のズボンなどパンツ状の衣服と、転倒防止シューズなどをはいてもらいましょう。本人のすぐ後ろにぴたりと立ち、片腕をウエストの前までがっちり回し、もう一方の手でパンツの後ウエスト部をしっかりつかまえます。この体勢が整ったら、本人にはどこかにしっかりとつかまりながら歩いてもらいます。本人が歩くために、ほんの少しかかとを浮かしかけたとき、介助をする家族が後ろから、ひざ、つま先、足の甲を使って、足の上

皮のベルトにタオル

電車ごっこ風介助

げ下ろしと、片足ずつ歩行を前に進める運動を介助します。

　本人が歩こうとして片足のかかとを浮かしかけたところで、介助す

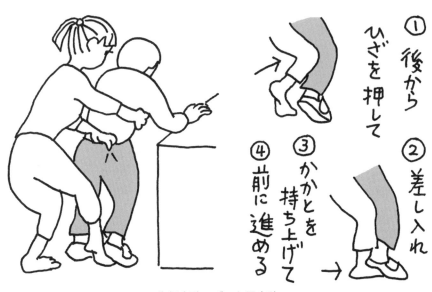

① 後から ひざを押して
② 差し入れ
③ かかとを持ち上げて
④ 前に進める

歩行介助ロボット風介助

る人が後ろから、ひざでひざを軽く前に押すとかかとが少し上がります。上がったかかとの下につま先をさし入れ、そのまま足の指と甲を使って上に少し蹴り上げるような要領で足をもち上げて前に進めて降ろします。介護をする人は「ひざ押し、つま先突っ込み、もち上げ、降ろし」のセットを左右交互に繰り返し片足ずつ、少しずつ歩行を前に進めさせます。

　ここで重要なことは、本人がどこかにしっかりとつかまっていることを、よくよくたしかめてから、本人が足を動かすタイミングを感じ取りながら、一歩一歩おこなうことです。この方法に慣れると、介助を受けながらほとんど普通の歩行と同じように歩いてもらうことさえできます。本人がかかとを浮かせようとするときは、体が「片足でもバランスが取れて安全だ」と感じているときです。だから必ず本人が歩こうとかかとを上げるタイミングを待ってからひざを押します。せかしたり無理をさせたりせず、本人の歩くリズムを尊重しながら助けます。

　最近は脳波に連動する、体に装着して歩行を助ける歩行介助ロボットが開発されていますが、これはその"人間バージョン"です。これならばタダですし、この方法で一歩一歩ゆっくり歩行してもらうことは、誰にでも比較的簡単にできます。こうすると、3センチずつしか移動できない人が、ほぼ普通の歩幅で動けるようになります。最初は10センチぐらいからはじめ、少しずつ歩幅を広げます。体の片側や片足が不自由な場合には、歩幅が左右ちがって構いません。本人の出しやすい足、軸足をよくたしかめて、歩幅を調整します。本人が一人で歩く状況もよく観察して適切に介助しましょう。介護はまず観察です。

　立った姿勢で歩行に使う関節を動かすこと自体、よいリハビリになりますから、本人の体調に合わせて歩行練習にも利用します。くり返しますが、まずはしっかりと本人がどこかにつかまって、体が安定していることをよくたしかめ、怖がらせることなく、体のバランスをく

ずすことなく、一歩一歩、確実に支えながらゆっくりと足を動かします。小学校の運動会で、前後の人の足を縛って歩くムカデ競争のタイミング感知の要領を思い出してください。これはとてもよいスキンシップにもなる方法です。本人の後ろで介助をすることで、本人の自主性も保たれ、自分で歩こうとする自信もつくようです。

座ったままの移動

テープレールつき腰かけ

　ほとんど歩けず、座ったまま体を横にずらせて移動したい場合、腕や手が健康であれば、一人掛け用の椅子を並べたり、壁からちょうどよい距離をとって、長椅子やカラーボックスなどを並べ（壁にぴったりつけるとかえって座りにくい）、その上を座って移動するようにすると便利です。車いすから降りたあとの、トイレの便座への移動にも利用できます。目の前につかまれる場所があれば理想的ですが、なければ体の両側に手を置いて移動します。

　おしりの下には、毛布などを畳んで敷いて痛くないようにし、その上に表面がつるつるのクラフト紙ガムテープ（100円ショップなどで売っている重ね貼りができないものが便利）を2本長く貼ると、体をすべらせるよいレールになります。ベッドから椅子に座ったままおしりをすべらせて移動するときなども、高さを調整してこの方法ですると便利です。おしりの下には、次の「おすべりクッション」を使います（毛布がすべり落ちないように適宜固定して下さい）。

おすべりクッション

　果物のパッキングで使われるような薄いスポンジを、半透明のごく薄いポリ袋に入れたものを作っておくと、本人が自分で移動するとき、家族が座っている人を引っぱるとき、寝たきりの人の体をベッド上で動かすときなど、介護のさまざまな場面で、とても便利なツールになります。

　大きさは従来版の新聞のページ2つ折り程度、ちょうど最低限お

19

しりが乗るくらいの大きさのポリ袋にスポンジを入れます。たとえば、配達で新聞をとっている場合、雨よけにかけてくれる薄い半透明のポリシート袋が理想的な大きさ、丈夫さでとても便利です。いろいろな素材を試しましたが、これが一番よくすべりました。なければレジ袋でも大丈夫ですが、薄くやわらかい半透明のポリ袋が一番よくすべります。うちではリンゴ用のパッキングスポンジを、新聞の雨よけポリ袋に入れて6つの簡易クッションを用意し毎日使っていました。

　ポリ袋だけでなく中にスポンジを入れると使い勝手がよくなります。スポンジを入れた袋の口は留めません。留めると止めた部分が引っかかりますし、中の空気が逃げにくくなって袋が破れるので、そのまま留めずに使います。手や使用するポリ袋は、消毒を忘れずにしましょう。

おしりの横すべり術

　ベッドの上やおしりを横すべりさせたい場所で、一人の場合には本

おすべりクッション

人が自分でこのクッションを2つ折りにして真ん中に手のひらをはさみ、おしりの両側に輪のほうから差し入れます。おしりの片側に半分ぐらい挟むだけでもずっとすべりがよくなります。ガムテープの上をすべって移動してみると、体重の移動が楽にできるはずです。家族が引っぱって動かすときも、おすべりクッションをおしりの下に入れておいて、パンツの横をつかんで引っぱるとスルスル動き、格段に省エネになります。

ベッド上のからだの移動

　介護ベッドでも普通のベッドでも、ベッドの上で上半身を起した姿勢をとると、体重の重みで気がつかないうちに、体が足のほうに移動してしまいます。寝たきりの人の世話では、体をベッド上で動かすことが日常茶飯事になります。腰を痛めないためにも省エネ対策は必須です。おすべりクッションは、寝たきりの人の体の位置がえ（ベッドの上下左右に体を動かしたいとき）にも最適です。

ベッド上でおすべりクッションを使う部位

　上向きに寝た姿勢でとくに体重がかかる位置に、おすべりクッションを2つ折りにして手のひらをはさみ、輪のほうから突っ込んで入れます。図のように6枚使用します。まず両足のかかとの下（また

おすべりクッションを入れる位置

は両足をのせたクッションの下）にひとつ、おしりの左右からひとつずつ。おしりは左右どちらかのクッションを真ん中の骨が出っ張っている部分の下まで入るようにします（マットレスや敷布団を少し下に押すようすると入れやすいです）。両側の肩甲骨の下にひとつずつ。肩甲骨の下は、頭を乗せたままの枕を片手で少しもち上げ、もう一方の手を2つ折りにしたクッションにはさみ、枕の下から肩甲骨の左右の位置まで突っ込むと簡単です。最後の1枚は枕の下に入れます。こうすると引っぱられる人は痛さが軽減され、介護をする人はスルスルすべるのでほとんど力を入れずに楽々と体の移動ができます。

　病院ではたいてい看護師さんが二人がかりで両側から、体をもち上げて動かしますが、「エイやっ」という感じですることもあるので、動かされる人が重度の骨粗しょう症の場合などは、降ろされた衝撃で骨にひびが入ることもあります。すべらせる方法ならば衝撃がありません。

　介護用品としてすべらせるシートも売っていますが、そのようなものをわざわざ買わなくても、この半透明ポリ袋のおすべりクッションはとても使い勝手がよく、驚くほど丈夫で便利です。汚れたら捨てればよいのでとても簡単です。

からだの引っぱり上げ方

　からだを頭方向に引っぱり上げるときは、おすべりクッションを体の下に入れた状態で、わきの下の両腕のつけ根に両手をかけて頭のほうに引っぱります。ベッドの左右に体を動かしたいときは、頭のほうに引っぱりながら、同時に横にも振って斜めに引っぱり上げてしまうか、または、首の下と足のつけ根に腕を差し込んで肩とおしりを抱くようにして手前に体を引っぱります。

からだの重い人、大きい人

　とても体の大きい人の場合、介護をする人が小柄な場合には、腰の部分、背中の部分と別々に動かすことをおすすめします。いずれにしてもご紹介したこのおすべりクッションさえ入れておけば作業が格段

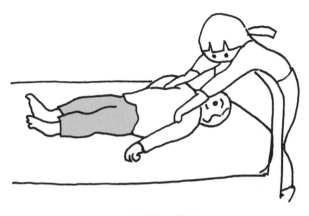

からだの引っぱり方

に楽になり、引っぱられる人の痛みも軽減されますからぜひ使ってみてください。

省エネ介助のすすめ

　一つ一つの作業をできるかぎり省エネにしないと、腰痛などに悩まされて介護がつづけられないことになりかねません。「大丈夫だから」と面倒がらず、最初からぜひ省エネ対策を最大限にしましょう。スポンジがなければレジ袋を 2 つ折りにして、からだの下に入れるだけでもすべらせる効果はあります。老老介護の場合など、毎日引っぱり上げるだけでもたいへんな負担になってきますから、まずはレジ袋だけでも 2 つ折りにして使ってみてください。

ベッド

ベッド利用のすすめ

　全日本ベッド工業会のデータによれば、現在、日本人のベッド使用率は 45％ほどだそうです。介護ベッドにしろ、普通のベッドにしろ、ベッドで寝起きをすることは、本人にとっても介護をする人にとっても大きな助けになります。高齢になるとひざなどに痛みがでやすいので、ベッドで寝起きをすると、とても楽になりますから、もしも可能

であれば、介護が必要になる前にベッド生活への切りかえをおすすめします。介護をするときは、ベッドの周囲はすくなくとも三方、できれば四方から作業ができるようにしておくと便利です。なお、介護ベッドはなくても大丈夫です（「第4章　おむつのお世話」の「おむつ替えと介護用ベッド」の項も参照／108頁）。

マットレス選択がカギ

　ベッドでもっとも重要なものはマットレスです。寝る本人の体の状態（太り気味・痩せ気味、皮膚が丈夫・デリケート、うっ血しやすい、背骨が曲がっている、腰痛があるなど）により、心地よく感じる固さがちがいます。必ずしも値段の高いものがよいわけではなく、じっくり吟味する必要があります。床ずれができにくいというエアーマットも、寝心地のほうはあまりよくない場合があり、人によっては体が安定しなかったり固すぎたり、痛くてだめなこともありますから、キャッチ文句を鵜呑みにして買わないことです。

　硬めのマットレスや凸凹のあるマットレスは、痩せている高齢者は痛く感じることが多いので、表面がソフトで柔らかく、よく体重が分散でき、同時に支えのしっかりしたものが比較的よいはずです。ベッド社会のイタリアで、12段階の硬さからマットレスを選んだ経験がありましたが、一般に腰の痛い人は腰が沈んでしまうので柔らかいものはだめです。硬めのマットレスの上に薄い低反発の補助マットを重ねるという方法もあります。寝ていて体が痛くないことは、高齢者の生活クオリティを考えると必要不可欠な条件です。

　病院などでは、寝返りの打てない患者には床ずれをつくらないために、2時間おきなどで、右向き左向きと体の体位替えをするのが普通ですが、夜中にこれをすると、ただでさえ眠りの質があまりよくないことの多い高齢者の睡眠のさまたげになります。病院では眠りの質よりも床ずれ防止に重点が置かれるわけですが、眠りの質のほうも確実に認知症、鬱、食欲、消化状況、便秘、などさまざまな体調に直接間接にかかわってきますから、できるかぎり質のよい眠りの確保は、家

庭では重視したいものです。よい眠りは、介護をする人も受ける人も、家族全員ができるかぎり快適な生活をおくるための、絶対必要条件であると考えるべきです。そのためにも寝心地のよい寝具は必須です。

快眠の効用

寝返りが打てない人には、エコノミー症候群のリスクもあります。けれども、しっかりと体重が分散されてさえいれば、うっ血が起きにくくなりますから、家ではすくなくとも4時間ぐらいはじっと寝ていても、体が痛くならない工夫が絶対に必要です。夜中に大声で騒いだり、妄想や幻覚がおきる大きな誘因も、寝ていて体が痛いことからくると確信しています。快眠できれば、こうした状況も大幅に軽減されます。頻繁にトイレに起きる現象も、ベッドの寝心地がよくなり、体が痛くなくなっただけでずいぶん緩和される場合があります。本人に快眠してもらえないと、介護をする家族も寝不足になってしまいます。繰り返しますが、「寝て体が痛くないこと」は、もっとも基本的な重要条件のひとつだと考えるべきです（「第6章　安眠対策」の床ずれ防止対策なども参照／153頁ほか）。

簡易マットの便利な活用法

丸めて持ち運ぶのが簡単なキャンプや車中泊用の簡易マット、たとえばマルチマットレス高反発×低反発2層（厚さ4×幅60×長さ180cm、3千〜4千円ほど）の便利な活用法をご紹介します。これをベッドのマットレスの上に重ねて敷いて寝てもらうと、体の位置をベッドの横方向に動かしたいとき、簡単に引っぱって移動することができます（おむつ交換時、往診時、歯科の治療時などに便利）。このマットは緊急時にはそのまま担架がわりになり、さらに幅が狭いので担架、ストレッチャーにマットごとのせることができ、移動時の振動による体の痛みも軽減します。骨粗しょう症がひどい人、肌が極端にデリケートな人は、入院時も病院でこのマットを使うと、検査で病院内を移動するときなども、マットごとすっと引っぱれば簡単にストレッ

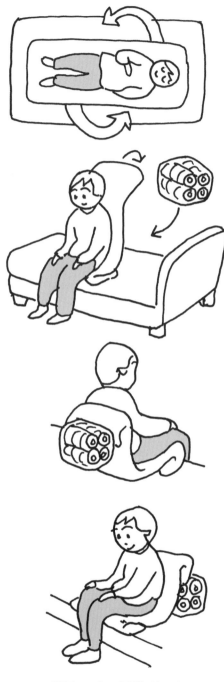

チャーに乗せられるので、体への衝撃が軽減でき、移動の作業が格段に簡単になります。

多様な簡易マット活用

　この簡易マットに寝たきりの人を寝かせたままベッド上で素早く横向きに座らせる便利な方法があります。おしりの部分でマットをくるりと90度回転させ、ベッドと十字形にします。マットの首より上の部分を後ろに折り込んで二重にして頭もたせを作り、マットの背後にはこのあと説明するトイレットペーパーパックを置き、マットごと背中をもたせかけます。

　足のほうもひざ下部分のマットを後ろに折り、腿の下に入れると、ちょうど輪の部分でベッドに腰かける形になり、簡易ソファが完成します。ひざの部分の輪が少し高目になるのですべり止めつきソファです。

　寝かせるときは上下の折り込んであった部分を元に

簡易マットの便利な使い方

26

戻しながらくるりと90度回転させ、ゆっくり降ろすと元の寝た状態に戻ります。慣れると作業がすばやくできるようになります。

　そして何より、簡易マットはそのまま平らに敷いているときに効用があります。ベッドのマットレスよりも幅が狭いのでベッド上に段差ができるわけですが、実はベッドで体を横向きにするときは、この段差がとても具合がよいのです。横向きの姿勢のときは段差があるほうが、肩や腕などが体重で圧迫されず、痛くなりにくく楽に横になれます。

　この簡易マットは軽くて簡単に曲げられ、扱いやすいのでさまざまな使い方ができて便利です。値段もリーズナブルなので、うちでは3枚を交換しながら使っていました。シーツを上にかけたりして使いましたが、柔らかくて軽いので、シーツ交換の要領で、汚れた場合も本人を寝かせたまま交換ができます（交換のしかたについては「第5章　入浴と洗髪」の「シーツや簡易マットの交換」の項を参照ください／147頁）。

その他の便利な雑貨

トイレットペーパーパック

　トイレットペーパーパックの便利な活用法を、さらにご紹介します。介護ベッド上でも普通のベッド上でも、足を降ろしてベッドに横向きに座りたいときの背もたれに、あるいは、普通のベッドで寝ている人の上半身を起こしたいときの背もたれに便利です。12ロール入っているトイレットペーパーの包みは固さと大きさがちょうどよいので、バスタオルでくるんでベッド上に置き、その手前に枕やクッションなどを置くと、寄りかかるのにちょうどよい背もたれになります。そして状況により、次に紹介する和座椅子と一緒に使うとより便利です。

　トイレットペーパーパックは、就寝時の足のせ台にも利用できます。リハビリの先生に教えていただいたのですが、とくに足首に痙攣があるような場合には、足を上げると筋肉がゆるみ、痛みの軽減対策にも

和座椅子

トイレットペーパーパックでベッドをソファーに

なります。

和座椅子

　そしてベッドで手軽に便利に使えるのが和座椅子で、座布団の下に入れて使う木製の単純なL字型のものです（たとえば不二貿易の和座椅子。2~3千円ほど）。

　和座椅子を、ベッドの横側からマットレスや布団のあいだに差し込むだけで、普通のベッドの転落防止柵代わりになり、どの位置にでも好きな場所に簡単に移動できるのでとても便利です。ベッド上で食事を食べるときや、歯磨きのとき、介護をする人や処置をする医師、看護師などがおなかでよりかかって作業をするのにもちょうどよい支えになります。

　座る側と反対側の、ベッドの横に差し込んだ和座椅子の前に、先ほどのバスタオルを巻いたトイレットペーパーパックを置き、さらにその前にクッションや枕を置くと具合のよい背もたれになりますから、ベッドを背もたれのある腰掛け椅子のように使えます。体の両脇にもトイレットペーパーパックにバスタオルをかけて置くと、安定したひじ掛け椅子にもなります。特別な設備がまったくいらず、硬さが理想的で、包みがへたったら新しいものと交換して中身はトイレットペー

パーとして使ってしまえばよいのでとても便利です。

立ち上がり

役に立つすべり止め

　高齢者の自立の大きなネックとなるのが"立ち上がり"です。観察していると、ベッドや椅子、トイレなどから一人で立ち上がれないために介助を必要とするケースが多く、その大きな原因のひとつは、足をふんばる力がないために、すべり止めつきの靴を履いていても、足がすべってしまうことなのです。

　「床に突起物があるとつまずいて危ないから、床は平らに」というのが介護環境の常識のようですが、立ち上がるためにはむしろ、床にすべり止めの突起物があるほうが、はるかに自立度が高まります。全体をすべり止め効果のある床にすることは、足がひっかかって危険な場合がありますが、スタートの力を助ける突起物は必要なのです。

　たしかに健常者には突起物などないほうがよいかもしれませんが、なかなか第一歩が踏みだせないような足の不自由な人は、下を見ずにすたすた歩くわけではありません。突起物につまずくことはまずないのです。むしろ立ち上がるときに足元にしっかりしたすべり止めがあるほうが、はるかに助けになります。100メートル走者もスタートの瞬発力を生かすすべり止めを使っています。弱視などの方には、本人とよく相談して設置場所を決めてください。

足のすべり止め

　ベッド、トイレの足元の床には、すくなくとも利き足のすべり止めになる突起物があれば、足がすべらないのでふんばることができ、自分で立ち上がれるケースが多くなりますから試してみてください。

　突起物はガムテープを重ね貼りするだけでもよいのです。床にテープなどをつけたくなければ、たとえば、100円ショップで売っている床用のジョイントマットを足元に敷きつめ、同じ素材を足が引っかかりやすい大きさにカットしてテープで張りつけます。よいリハビリに

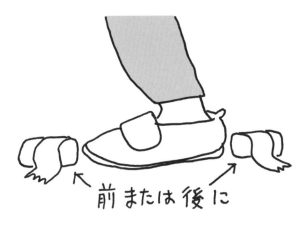

前または後に

足元のすべり止め

もなりますから、ぜひ一人で立ち上がれるように環境を整えましょう。ジョイントマットは汚れたら取り替えも簡単です。

立ち上がりにつかまるもの

　立ち上がるためには、おしりを浮かせるときの支えになる、手でしっかりとつかまることのできるものが必要です。体重を目いっぱいかけることになるので、全体重をかけてしがみついても動かないものが必要です。耐震用の粘着マット（普通100キロまでは大丈夫）で脚を固定した机や家具、近くに柱があればその柱につけた手すりや握りひも、ベルトなど実際にいろいろ本人に試してもらいます。タオルやスポンジなどで手が痛くないように工夫し、距離の微調整をしながら、安全性を確認しながら、本人が一番にぎりやすいものをそれぞれの場所に設置します。

つかまり方のコツ

　居間や食堂では、動かないように固定したテーブルや書斎机などにつかまるのが一番簡単です。ただし、机につかまるにはつかまり方が肝心です。手だけではなく腕をひじまで使います。足は効き足の転倒防止シューズのつま先をテーブルの脚にあてます。こうすると手で天板を引っぱる方向と足で机の脚を押す方向が逆になり机が動きにくく、たいてい立ち上がれます。

　机以外にもつかまる場所、しがみつく場所がある場合には、椅子に斜めに座り、手を伸ばして机以外のものにつかまり、手は机の上にひじまで斜めにのせて天板の横をがっちりつかみ、足はつま先を机の脚

30

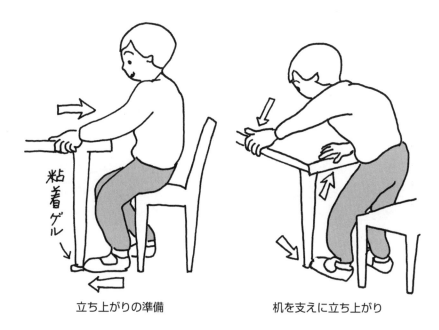

立ち上がりの準備　　　　　　机を支えに立ち上がり

にあてて踏ん張ります。

　ほかにつかまるものがない場合には、一方の手は伸ばして机の角に
ひじをのせ、天板の横をがっちりとつかみ、もう一方の手は胸の前の
天板に沿って最初の手と直角にひじまでのせて天板に親指をかけ、両
方のひじをつっぱるようにして、足を机の脚にかけて踏ん張り、机の
上に体重を前のめりにのせるようにしながらおしりを上げます。こう
することでかなりの人が立ち上がれるはずです。家族が助けるにして
も、本人が半分立ち上がってくれれば、世話が格段に楽になります。

車いす

車いす導入前に

　車いすの利用でまず知っておきたいことは、車いす生活になると、
とたんに足腰が弱り、骨粗しょう症が進むということです。たとえ歩
幅3センチずつの歩みであっても、できるかぎり本人の足で歩いて
もらったほうが、長く元気でいてもらえます。最初から車いすに慣れ

てしまうと、車いすの方が楽なので歩く意欲がなくなる場合もありますから、状況をよく見ながらリハビリを併用するなどして、導入は慎重にしましょう。

購入か、レンタルか

　車いすならどれでもよいわけではありません。おもに家族が動かす場合と本人が自分で動かす場合では、車輪の大きさをはじめ構造自体がちがいます。便利なオプション機能は別にしても、体の大きさや、どれだけ本人が自分で体を動かせるか、腕力があるか、家の構造、スペースなどによって選択がちがってきますから、安易に中古品を安く買って後悔しないようにしましょう。

　他人の使ったものはいやだという人もいますが、試せるほうがよいのでレンタルは便利です。一度買ってしまうと、あまり便利でなかったときに、買い替えが面倒ですが、レンタルならば試してだめなら取り換えがききますし、品ぞろえも豊富です。なにより、いらないと判断すれば返すことができるのがよいです。

　この頃はネットのフリーマーケットが盛んですが、こういう製品は、衛生上の問題や、安全性チェックの問題があるので、介護ベッド同様、売りにくい製品のひとつで、処理に困る話もよく耳にします。

　もしも中古品を譲り受ける場合には、思わぬ事故につながらないように、ビスなどにゆるみや歪みがないか、車輪軸やブレーキがゆがんだり摩耗したりしていないかどうかをよくチェックし、徹底して消毒してから使いましょう。

　たまに外出で使う程度であれば、市などで無料貸し出しをしているケースもありますから調べてみましょう。

　介護タクシーという手もあります。費用は普通のタクシーより割高ですが、車いすのまま乗ったり、救急車のようにストレッチャーに寝たまま乗ることもでき、ベッドからベッドまで送迎してもらえるので、とても便利です。旅行のつき添いをしてもらうこともできます。ただし、業者によって値段もサービス内容も、何人で介助してくれるかも

ちがいますから、事前によくたしかめてから使いましょう。

車いすを拒否する場合

　逆に車いすを拒否する高齢者も結構います。認知症でなくても頑固な人は、いやだとなったら梃子でも動かないことがあります。こうしたときには本人の意向を尊重しながら、できるかぎり家族の負担の軽減も考えます。

　実際、病院や施設などでは歩行を介助するよりも、車いすに乗せるほうがずっと早いこともあって、車いすを使うケースも多いわけです。家で介護をする際には、本人に歩いてもらうことを基本としますが、一歩で数センチしか移動できないような場合、トイレに行くのがまにあわなくなる事態も起きます。夜間に４回、５回とトイレに行くようなときには、本人もつきあう家族も寝る暇がなくなり、へとへとになってしまいます。こういうときは、車いすも必要に応じて並行して使えるほうがベターです。トイレで急ぐ場合などに「緊急だから、臨時に」とすすめて慣れさせるのも一案です。

　認知症があってもなくても、介護をする家族と本人との信頼関係が、すべてのカギになります。車いすの導入についても常にコミュニケーションを試みてください。理詰めで説得しようとする態度はたいていうまくいきません。高齢者の訴えは、言葉の意味よりもむしろ、何かの不安の訴えだったり、共感を欲しがっていることも多いので、本人の主張を否定するのではなく「ふーん、そうなんだ、たいへんだね」という受けとめ方をするとコミュニケーションの糸口になります。理由の説明をするときはあれこれではなく、ひとつにしぼりましょう。すぐに忘れてしまっても、面倒がらずに毎回同じことを繰り返しましょう。無理矢理何かをさせると、気分を害して介助がしづらくなることがありますから、気をつけましょう（「おわりに　認知症」も参照）。

夜間のトイレ解決策

　高齢者の心とからだの状況は一人一人ちがい、同じ人でも刻々と状況が変わります。以前には具合がよかったことが、ほぼ確実に変化し

ます。臨機応変に車いすと歩きを併用し、すくなくとも１日２回は歩くことにするとか、夜間は「夜中の 12 時から朝５時まではトイレには行かない」など本人と決めて、夜間だけ念のためにおむつをしてもらうことを本人と交渉します。

　おむつを頭から拒否する高齢者もたくさんいますが、夜間トイレに行かないのであれば、おむつを使ったほうが本人も安心でよく眠れます。おむつを嫌がる場合は、おむつという言葉は使わずに、パッドのほうが抵抗が少ないので、念のためとして、夜間だけ尿とりパッドを下着につけることからはじめましょう（パッドについては「第４章おむつのお世話」の「尿とりパッド（尿とりシート）」の項を参照ください／106 頁）。

ベッドから車いすへの移動

　ベッドから車いすへ移動するときは、まず、本人に足をおろしてベッドに座ってもらい、車いすをベッドに横づけにしてしっかりブレーキをかけます。このとき車いすのひじかけ（アームレスト）が取りはずせる場合には、ベッド側を取りはずします。本人は車いすにおしりを向けて後ろ向きに立ちます。

自分で立ち上がれる場合

　本人が自分で立ち上がれる場合には、手を伸ばして遠い側のひじかけにつかまってもらいます。ひじかけに手が届くように、車いすを少し本人と向き合わせるようにななめにします。

　介助する人は、車いすの後ろに立ち、本人の立ち上がるタイミングで、パンツの後ろウエスト中央部をつかんでおしりをもち上げるのを手伝います。本人が腰を浮かしかけ、ひざが曲がった状態のときに、ベッドから車いすへとおしりをぐるりと方向転換させて、車いすに着地させます。

自分で立ち上がれない場合

　本人が自分で立ち上がれない場合には、本人の前に立って肩か首に

ズボンの後をつかむ

いたくない軸足で回転、車イスに着地

立ち上がれる人

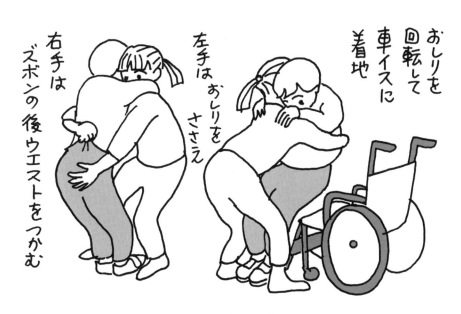

おしりを回転して車イスに着地

左手はおしりをささえ

右手はズボンの後ウエストをつかむ

立ち上がれない人

※ 感染症予防のために介護者は
マスク着用・手指消毒のこと

つかまってもらいます。立ち上がらせるときは、上に引っぱり上げるのではなく、前のめりに体重を移動して寄りかかってきてもらいます。本人が前に乗りだすタイミングで、片手でおしりを支え、もう一方の手でパンツの後ろウエスト部をつかんでもち上げ、中腰のときにくるりと方向転換を助けてゆっくり車いすに座らせます。車いすからベッドへの移動は、基本的にこの逆の流れの作業をします。

車いす介助の練習

　これらの作業は、施設や病院などでは、よく二人がかりでおこなわれています。とくに、介護される人がまったく動けなかったり、体が大きい場合、どこかにマヒや怪我などがあって部分的に体が不自由な場合、介護をする人がとても小柄な場合などは、慣れてタイミングがわかるまではむずかしいこともあります。あわてて無理矢理に引っぱり上げようとして落下して怪我をさせたり、介護をする人が腰を痛めては元も子もありません。

　車いすを借りると基本的な使い方は業者が教えてくれますが、最初は慎重にリハビリの先生などの立会いのもとに介助の仕方を教えてもらって練習するのが無難です。もしも可能であれば、家族二人が練習をしておくと万全です。

はじめて介護と向き合う人への３つのアドバイス

1. なるべく本人に何でもさせること

　家族がすべてをしてあげ、欲しい物をいちいちとってあげるような至れりつくせりの世話、本人に何もさせないような世話は、一見親切なようで、実は体のおとろえを急速に促し、老化や認知症を進めてしまいます。できるかぎり家事なども本人に参加してもらうことが長く元気でいてもらう秘訣です。

　うちでは要介護５になった後も、母と一緒におはぎ作りもしていました。何かをしてもらうこと、役割があることはとても重要です。

何もさせなくなると驚くほどあっというまに運動機能がおとろえ、認知症が進みます。

　と、簡単に言いましたが、本人にさせることは実はとてもむずかしいことなのです。ほとんどの場合、介護をする人がしてしまったほうがずっと早いので、待ちきれなかったり、危なっかしくて見ていられなかったり、いらいらしたり、急いでいたりすると、ついつい手をだしてしまいがちになります。けれども時間が許すかぎり、できるだけ本人にしてもらうようにしましょう。

　家族にしてもらうと楽なので、慣れてしまうと何もしたがらなくなることもあります。よいリハビリになりますから、なんでもいいですから、早いうちから役割分担をして、本人にもぜひ家事に参加してもらうようにしましょう。

2. 本人が使ってみなければわからないと心得よう

　介護をしていると、いろいろな介護用品や器具・設備について、「これはきっと便利だろう」と考えて買ってみたものの、役に立たないこと、使ってもらえないことが頻繁にあるものです。

　「せっかく買ってきてあげたのに」と、腹を立てるのはやめましょう。実際使えないものも多いのです。それぞれの人の体の特徴、できること、できないことはじつに千差万別で、同じ人でも時間の経過とともにガラッと状況が変わります。こうしたツールはとても微妙なものなので、本人が実際に使ってみなければ、役に立つかどうかはわからないと思っておいたほうが無難です。10個にひとつぐらいは便利に使えるものもあったという感じでしょうか。たくさん無駄をした経験者の失敗は、おおいに参考にしてください。

3. 介護をする家族の寝不足を放置しないこと

　介護をする人が恒常的な寝不足になってしまうと一番困るのは、精神的な余裕がまったくなくなることです。こうなると、いろいろな作業のスピードや判断力、段取り力がガタ落ちになり、ただただ疲労やストレスがたまる悪循環がはじまります。これを放っておくといらい

らが爆発してしまったり、逆に発散のチャンスがなく、我慢を重ねて
鬱_{うつ}になってしまうこともあります。

　しっかり介護をするためにも、睡眠だけはできるかぎりとるように
心がけましょう。高齢者、とくに認知症のある人はしばしば昼と夜が
ひっくりかえっていますから、つきあっていると100％寝不足になり
ます。

　あまり頑張らず、疲れたと思ったら昼間でも、30分、40分でも本
人が寝ているときなどに、すべてを放りだして一緒に寝てしまうのが
介護を長つづきさせるコツです。

　大事に世話をしたいと思って介護をする人ほど、手抜きをしないの
で過労になりがちです。ブラックリスト企業以上の連続労働時間、
24時間態勢になってしまうことも稀ではありません。倒れたり体を
壊してからでは遅いので、どんなかたちであれ、周囲に手伝いを頼む
勇気をもち、もう少しがんばろうとは思わず、家事などはメリハリを
つけ手抜きをして、なんとしてでも睡眠をしっかりとるように心がけ
ましょう。

　そして、それでもどうしようもないときは、介護保険で条件が合い
そうな利用できそうなサービスがないかどうか探してみましょう。心
身が疲れ切った状態で介護をすることは、するほうもされるほうもた
いへんです。たとえば週に一度、送迎つきで施設に行き、昼食や夕食
を食べて夜7時に帰宅するデイサービスを利用する日があれば、よ
い気分転換になり、元気がでます。掃除、洗濯、買い物などを手伝っ
てもらうことも可能です。制度を利用してもしなくても、介護認定だ
けは受けておくと、いざというときに利用できるので安心です。まず
は地域包括支援センターなど、お住まいの市区町村の担当部署に電話
で相談してみましょう。

第2章　食べること

　高齢になって食が細くなる一因として、本人も周囲もまったく気がつかないうちに唾液の量が減ってしまっていることがあります。とくに女性にこの傾向が多くみられるようですが、血圧の薬などを飲んでいると、男女ともに減る傾向があるようです。唾液の量が減ると、まず食べ物を噛むときの潤滑油が不足します。こうなるとすべてがパサパサ・ごそごそして、喉にも食道にもくっついてしまうので、うまく呑み込めない大きな原因になります。唾液の量が減ったサインは、クッキーやフルーツケーキ、あるいは焼き魚など、好きだった比較的乾いた食べ物をあまり食べなくなったり、呑み込みにやたらに時間がかかったりすることです。こういうときは、唾液が減って食べにくく、呑み込みにくくなっている可能性を疑う必要があります。こうした変化は、本人も自覚していないことがほとんどなので、周囲で気をつけてあげる必要があります。

ジューシーな食のすすめ

　高齢者が食べやすい食事はジューシーな食事です。健康な人でもジューシーであること、汁気がたっぷりあることは大きな助けになります。ご飯、サラダ、煮物、焼き物など基本的にどんな料理でも、ソースや汁気をとろとろとたっぷり目にからめた形にすると、とても食べやすくなります。これは本人が自力で食べる場合にも、食べさせる場合にもおおいに役に立ちます。たとえば、焼き魚には大根おろしをたっぷり添えたり、煮しめよりも、たぷたぷの味噌和えやあんかけ風に

するほうが、ずっと食べやすくなります。

　カステラのような菓子は、柔らかいからよいだろうと考えられるせいか、病気見舞いなどでよくいただくものですが、高齢者にとってはとても呑み込みにくいときがあります。柔らかければよいわけではないのです。パウンドケーキなども、ヨーグルトや、フルーツをブレンダー（ハンドミキサー）にかけたソースで食べてもらうと、ずっと食べやすくなります。

水のむせやすさ

　ところが一方、極力気をつけなければならないのが、水やお茶などの飲み物、味噌汁、すまし汁、スープのように完全な液体です。食べ物よりも飲み物のほうが、喉を流れ落ちるスピードが速いので、喉の筋肉がおとろえて反射神経がにぶると、気道の入り口の開閉がまにあわなかったり、閉まりが悪かったりで、とてもむせやすくなるのです。小さな隙間を通りぬけてしまう汁物は、気道がきちんと閉まる前に流れ込むと誤嚥（ごえん）を起こします。誤嚥は肺炎を引き起こす原因となる危険な事故です。だから、高齢者の食事は、汁気をたっぷり含ませると同時に、飲み物にも細心の注意をはらわなければならないのです。この汁気の量の加減、料理の水分量のコントロールこそが、それぞれの人のそれぞれの時点の状態に最適な、食べやすく安全な介護食を用意する上で、考慮すべき共通のポイントだと思います。

問題を起こしやすい食材

　喉を猛スピードで通り抜けてしまう液体のほかにも、気をつけたい食品のタイプがあります。たとえば、荒く引いた味噌はおいしいですが、喉にひっかかるので高齢者には向きません。なめらかにひいた味噌の味噌汁のほうが確実にむせにくいです。ワカメ、のり、鰹節などのように薄くペラペラしたものも、喉に貼りついて、むせる原因となりますから気をつける必要があります。

食べやすく誤嚥のない食事

　栄養面で考えると介護が必要な人の食事は、高血圧で塩分を控える

必要のある人、糖尿病で糖分を控える必要のある人など、さまざまなケースがあって、誰にでもぴったりの食事というものは存在しないのだと思います。そこで、栄養的なことはそれぞれに考えていただくとして、ここではおもに誤嚥などの事故なく食べること、食べさせることに焦点を絞って、おいしさ、食べやすさ、安全性などを中心に、経験をお話ししてみたいと思います。

　食事の最大の目的は、もちろん栄養補給ですが、同時に大事なのが水分を取ることです。人間、何も食べなくてもしばらくは生きていられますが、水分が取れないとすぐに死んでしまいます。高齢になればなるほど、"飲む"という行為でたくさん水分を取ることが苦手になってきます。そうした場合には、なるべく水分を多く含んだ食事が、高齢者には必要となるのです。汁気たっぷりのジューシーな食は、そうした意味でも理にかなっているはずです。

食べるときの姿勢

　普通に座った姿勢で食べられる場合には、あまり問題はありませんが、ベッドに寝ている人が食べるときの上半身の角度はとても微妙です。20度がよい、30度がよいなどいろいろな説がありますが、人によっては背骨や首の骨自体がすでに曲がっていることもあります。体の角度によって食べ物が喉をすべり落ちるスピードが変わってくるので、それぞれ最適な角度は微妙にちがいます。寝たまま頭をまったく上げない状態では、食べ物がうまく胃のほうに移動してくれませんし、あまり上半身を起こしてしまうと今度は食べ物の通過スピードが速くなり、誤嚥が起きやすくなるのです。それぞれの人の、その時々の最適な角度を見つけないと、誤嚥を繰り返すことにもなりかねません。しかもその角度は、時とともに変化するので、よく気をつけて観察する必要があります。

食べられない原因と問題解決

　施設や病院などで食事の予約をするときによく尋ねられるのが、料

理の形態の選択で、(1)普通食 (2)やわらか食 (3)細切れ食 (4)流動食 などです。

　分け方は多少ちがうこともありますが、大勢の患者さんや入所者のために大量に用意をする食事形態の種類は、だいたいこのようなものが一般的ではないかと思います。

　けれども、自宅で日々食べることの問題を解決するには、こうした調理の仕方だけでは無理があります。まず、それぞれの人の食べられない原因をつきとめる必要があるのです。

　原因としては、まず、

1. 食べ物を口に運ぶ困難

2. 噛んで呑み込む作業の困難

の2つに大きく分けることができます。

　1. の食べ物を口に運ぶ困難のおもな原因は、

　　a)　**目が見えないこと**

　　b)　**手の震え、麻痺**

　　c)　**認知症**

などで、リハビリで改善できることと、できないことがあり、改善できない場合には家族が食べさせることになります。

　2. の噛んで呑み込む作業の困難は、

　　a)　**前歯で噛み切る困難**

　　b)　**奥歯で噛み砕く困難**

　　c)　**舌や口、喉の筋肉で呑み込む動作の困難**

の3つに分けられます。

1. 食べ物を口に運ぶ困難

a) 目が見えないこと

目のおとろえ、視野の狭さ　　高齢になると、視力の低下はもちろんですが、本人も周囲もまったく気がつかないうちに、まるでいつも双眼鏡を覗いているかのように、見える範囲がぐっと狭くなったり、視界の一部が欠けたりして、そのせいでよく見えなくなっている場合

があります。そして視力や聴力のおとろえと同じように、色彩の識別力がおとろえて、食べ物の色がよくわからなくなることもあります。

　私たちの脳は、目から食べ物の情報を得て、唾液を分泌する指令をだし、食べ物の硬さに見当をつけて、どのように食べるか瞬時に判断して食べているのです。だから目がよく見えず、食べ物が何であるかがわからないと、どのように食べたらよいのか判断がつきません。脳から指令もでないので、唾液が分泌されず、口が渇いたままになり、食物が口中にくっついて食べるのが困難になる場合もあるのです。

　解決策としては、食べる前にまず一口、お茶や水を飲んで口を湿らせてから食べてもらう方法はとても役に立ちます。かならず、口を湿らせてから食べることをすすめ、食事のあいだ中、乾いたものを一口食べたら、次は水分を多く含むものを飲んだり食べたりしてもらうようにすると、食べにくさが軽減します。噛むことや呑み込むことに苦戦して、いつまでも呑み込めずにいる状況をみたら、汁物や水などを追加でほんの少し一緒に口に含んでもらうと、より噛みやすくなり、呑み込みの助けになることもあります。

色彩、香り、味の識別力の低下　　色彩の識別力が鈍ると、食べ物がおいしそうに見えなくなります。また、おいしそうな匂いを感じなくなると、食欲をそそられなくなることもあります。こういうときには、味を感じる力がおとろえていることもあり、どのお皿に何があるのか、これから何を食べるのかを言ってあげるだけで、よりおいしく食べられます。

　こうした感覚の老化に、本人自身ほとんど気づいていないことも多いので、"見ればわかるだろう"とは思わずに、周囲で気をつけてあげる必要があります。

b）手の震え、麻痺

　手に麻痺があったり、大きな震えがあったりすると、食べ物をうまく口に運ぶことが困難になります。手を動かす方向感覚や距離感がずれてしまっている場合も、食べ物を口に運ぼうとして、見当ちがいの

方向に運んでこぼしてしまったり、料理を口に入れる作業がとてもむずかしくなりがちです。

　このような問題は、しばしば脳梗塞や認知症など脳の病気にからんでいることが多く、長いリハビリが必要だったり、リハビリをしても高齢者の場合、なかなか改善しないこともあります。そうしたときには、家族が食べさせることになりますが、少しずつではあっても訓練で改善することもありますから、根気よくリハビリも進めたいものです。最善のリハビリは本人が自分で食べようとすることです。

専門家によるリハビリ　　運動不足や骨折後などで一時的に手が動かなくなっていても、回復の見込みがあるときには、ケアマネージャーに相談して介護保険制度を利用して、リハビリの先生をお願いできます。往診の医師との相談の上、医療保険でもリハビリの先生に在宅施術を頼むことが可能です。ただ、高齢者は一度にたくさん運動をすると逆効果になることもあります。1日数回10分間ずつ毎日つづけるほうが、1週間に1回1時間するよりも効果的なこともよくあります。可能ならば、本人がいやがっても繰り返し動かし、家族がしつこいぐらいリハビリにつきあいましょう。

家族の介助　　手のリハビリ運動のためにも、毎日ゆっくりでも手を使って自分で食べてもらうことはとても大切です。とくに高齢者の場合、前述したように使わない機能は目に見えてどんどん退化していきます。本人が食べにくそうにしているのを見ると、ついつい見かねて手をだしてしまいがちですが、自分で食べられるときは、できるかぎり本人に自分で食べてもらいましょう。

　と、簡単に言いましたが、じつは、本人に食べてもらうことは、とても時間がかかり、あたりを汚してしまうことも多いので、介護をする人にとっては、より手がかかることがよくあります。"見守りの辛抱"の覚悟が必要になるのです。

食べる作業の負担度と栄養失調　　もうひとつ気をつけなければならないのが、高齢者に自分で食べてもらうと、食べる作業にくたびれ

てしまい、途中で食べるのをやめてしまうことがよくあり、放っておくと栄養失調になりがちなことです。これは病院でもよく見かける光景です。看護師さん、介護士さんが忙しく、食事を運ぶだけであとは患者まかせにして、患者が「もう食べ終わった」というとそのまま下げてしまうことを繰り返していると、せっかく栄養を考えた食事をだしても、さっぱり栄養になっていないことがあります。本人が「いらない」というときは、食べる作業がたいへんだから食べないのか、おなかが本当にいっぱいなのか、それとも胃もたれ、吐き気などで食べられないのか、原因をよく見極める必要があります。こういうときには、そばで励ましながら食べさせ、疲れたら手伝い、デザートは本人に食べてもらうなど、きちんと食事が取れるように考えます。

　逆に食べるのが早すぎるときは、あまりよく噛まずに呑み込んでいることがありますから、気をつけましょう。こういうときは、食べてもまったく消化できていないことがあります。消化の状態は便をみればわかります。食べ物がそのままでてきてしまっているようなら消化できていない証拠です。このような場合には、歯に問題があることが多く、料理の形態を考える必要があります。

食物をこぼす問題　　自分で食べる場合、食べさせる場合、いずれの場合も、"食べ物や飲み物をこぼすことを前提"として準備し、軽くて壊れない、もちやすい食器を使い、"汚れてもよい環境を作っておくこと"はとても大切です。

　大きな防水のエプロンをすると、かなり汚れを防ぐことができますが、エプロンをすることをいやがる人もいます。けれども、とくにベッドなど寝床で食べている場合には、汚したときに申し訳ないという気持ちになったり、気落ちもしますから、エプロンは必ずつけたほうがよいです。たとえば介護をする人が、お揃いの防水エプロンをして一緒に食べるなどすると、比較的、抵抗なく受け入れてもらえます。

　イタリアで客が席に着くと全員に大きなエプロンをつけるレストランがある話などをすると、楽しくつけてもらえます。「ソースが飛び

散る心配をせず夢中で食べてもらいたい、それほどおいしいですよ」
という意味です。えらそうなおじさんたちが全員エプロンをつけて食
べている姿はそれだけで笑いをさそい、食事がいっぺんに楽しくなり
座が和みます。

　寝たきりの状況で食べさせてあげるには、加えてティッシュを2、
3枚丸めて首の周りにはさんでおくと、口から洩れでた食べ物をキャッ
チして、布団やパジャマを汚さずにすみます。

軽くてこわれない食器　　食器は、健常者でも年齢とともにだんだ
ん重たいものはダメになっていきます。介護用の樹脂製のものは丈夫
で壊れずに便利です。ただ、こうした食器をいやだという人もいます。
この頃は一般の食器でも、匙やフォークも含め、軽くてデザインのし
ゃれた丈夫な食器がいろいろでています。ネットで注文して取り寄せ
ることもできますから"軽い食器"などで検索してみましょう。箸も
軽くすべりにくいものを使いましょう。割り箸は塗り箸よりもずっと
食べやすいです。手がマヒをしていても食べられる介護用フォークな
ども開発されていますから、それぞれの人の状態や気持ちに合ったも
のを探しましょう。

使い捨て PET 容器の利用　　もしもそうした食器の調達が困難な場
合には、コンビニなどで商品についてくるスプーンやフォーク、プリ
ンやサラダなどが入っている容器も結構丈夫で便利に使えます。現に
病院でも、コンビニとまったく同じ使い捨てスプーンやカップなどが
たくさん使われています。壊れれば捨てればよく、かなり丈夫で何度
も洗って使うことができるものもあります。ただし、軽すぎるのでと
ても倒れやすく、食べ物をこぼしやすいので気をつけましょう。

c) 認知症

　認知症の場合には、食べ物を食べ物と認識できなかったり、箸やス
プーンの使い方がわからなくなることがよくあります。こういうとき
は一緒においしそうに食べて、食べ方を見せてみましょう。あとで説
明する実況中継型の食事も効果的です。人により反応がちがい、その

反応も時とともに変化しますから、唯一の解決策は試行錯誤なのです。無理に食べさせようとする態度は逆効果になることも多いので、とてもむずかしいことですが、なるべくゆったりと構え、気長にがまん比べ、解決策見つけをするつもりでつきあいます。

2. 噛んで呑み込む作業の困難

　噛んで呑み込む作業の困難の半分以上は、歯科の問題です。歯科サービスを考慮していない病院や施設では、この部分の解決をはからずに、料理の形状だけである程度解決をしようとするケースも多いわけですが、自宅では、歯科の先生の往診をお願いして、根本的な解決をはかるほうが得策です。入院中にも希望者は、往診治療が受けられるようにするべきだと思います。

　食べること自体の困難は先述したようにおもに、

　　a)　前歯で噛み切る困難
　　b)　奥歯で噛み砕く困難
　　c)　舌や口、喉の筋肉で呑み込む動作の困難

があるわけですが、以下に、ひとつずつ見ていきます。

a) 前歯で噛み切る困難

　前歯がない、前歯がぐらついている、前歯が痛いなどが原因でうまく噛み切ることができず、食べられなくても、奥歯で噛み砕くことはできる場合には解決は比較的簡単です。普通食を一口大にカットして、噛み切る作業をパスさせて直接奥歯で噛んでもらうようにすれば、たいていのものは今まで通りに食べることができます。

　硬い食べ物は細切れにしても硬いままです。奥歯で噛めない硬さの場合には、細かくしても噛めないのは同じですから、結局噛まずに呑み込んでしまう結果になります。奥歯で噛める硬さであれば、むしろある程度大きさがあるほうが、入れ歯などから食べ物が逃げにくく、噛み砕きやすいので、細切れ食よりも一口大にするほうがずっと食べやすいものです。

　男性の高齢者には寡黙で説明不足の人も多く、料理を見て「これは

食べるのがむずかしそうだ」と感じると、それだけで「いらない」と言って食べないことがよくあります。介護をする家族は、本人が説明をしなくても、なぜ食べないのかを、よく観察してたしかめる必要があります。

b) 奥歯で噛み砕く困難

　奥歯で噛めない問題は、多くの場合、噛み合わせの問題です。上下に噛み合わせる歯がない、入れ歯が合わない、入れ歯がゆるい、歯がぐらついている、歯茎が痛くて噛めない、などといったいろいろなケースがあります。入れ歯を入れているととくに、樹脂の入れ歯がすり減っていて上下の歯がきちんと噛み合わさっていないために、うまく噛み砕くことができないことがよくあります。

　このようなときには、もしもかかりつけの歯科医があれば相談してみましょう。往診をしてもらえないときは、地域の歯科医師会に電話をして、往診で治療をしてくれる先生を紹介してもらいましょう。地域によるかもしれませんが、この頃はポータブルで高性能な機械もあり、在宅で保険治療をしてくれる歯科医がいます。健康保険が利用できますから治療費もそれほど高くはありません。

　すでに使っている入れ歯にほんの少し樹脂を足してもらうだけで、比較的簡単によく噛めるようになることもありますから、あきらめないで相談し、歯医者さんに在宅でみてもらうことを考えましょう。毎回の通院で待つこともなく、在宅歯科治療はじつはとても便利なのです。

在宅歯科治療の準備　　歯医者さんの往診では、椅子に座った姿勢、またはベッドに寝たままの姿勢でみてもらえます。まず、できるだけ明るい照明で照らすようにします。

　ベッドに寝た姿勢で見てもらう場合、介護ベッドを使っているときには、仰向けの体位のまま、歯科治療台と同じくらいの高さまで上げます。介護ベッドでない場合には、布団を重ねるなどして、体を高くしておきます。

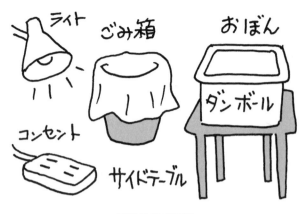

ライト　ごみ箱　おぼん

ダンボール

コンセント

サイドテーブル

歯科往診の準備

　寝たきりの場合は、厚みのある座布団、または毛布をたたんだもの
を使って体を高くします。体を片側に横向きにさせておいて背中に座
布団や畳んだ毛布をぴったり寄せ、今度はその毛布や座布団の上に体
を反対の横向きにごろんとさせ、同じように反対側から別の座布団や
毛布を差し入れるようにすると、入れるのもはずすのも比較的簡単で
す。高さが足りなければ必要に応じて、同じ繰り返しで布団や毛布を
からだの下に重ねて入れます。

歯科作業テーブルなど　　いろいろな歯科器具が置けるような台か
小テーブルがそばにあると、作業がしやすいです。ベッドの横にサイ
ドテーブルや椅子がある場合には、その上に段ボール箱などを置いて
少し高くし、ポリ袋をかぶせたり、お盆を置くだけで十分ですから、
歯科ツールを置く台を用意しましょう。

　もうひとつ、入れ歯の樹脂を削ったりするために、段ボール箱やご
み箱に大き目のポリ袋をかけておくと、削りかすが飛び散らず、先生
も作業がしやすいです。ベッドのそばでなくても、たとえば、居間の
テーブルの上で入れ歯の加工作業をしてもらうこともできます。電動
の器具が使えるように、必ずコンセントを近くに用意しておきましょ
う。

　うがいを吐きだす容器は、歯磨き用のものがあればそれを、ない場合には、あり合わせのボールや、コンビニのサラダの容器で代用できます。

　普通の保険適用で型をとって入れ歯も作れます。ぜひ一度相談をしてみるとよいと思います。在宅歯科治療が何よりも便利なのは、入れ歯を直したらその場ですぐに何かを食べて、噛み具合がたしかめられることです。直したばかりでせんべいを食べて、少しここがあたって痛いなど、たしかめながら調整をしてもらえますから、むしろ往診のほうが便利な面もあります。保険外の高額治療はしてもらえませんが、基本的な治療ならばたいていできます。

家庭でできる入れ歯の微調整　　口の中はとても敏感です。ほんの些細なざらざらでも舌はとても痛く感じることがあります。作ってもらった新しい入れ歯は、しっくり合うまでかなりの調整が必要なこともあります。すぐに往診に来てもらえない場合には、家でできることもあります。本人に痛い所をよくたしかめながら、爪切りについている爪用のやすりとあまり固くないナイロンたわしで、樹脂をほんの少し削ったり、磨いたりすることができます。

　指で感じるか感じないかの、かすかなざらつきでも、口の中では違和感がありますから、指で触ってたしかめながら、削り過ぎないように注意しながら、少しずつ磨くように削ります。こうすると家族でも微調整ができることがあります。削り過ぎてしまうと元に戻せませんから、一度にたくさん削らず、本人に試してもらいながら、ほんの少しずつ磨くように削るのがコツです。

c）舌や口、喉の筋肉で呑み込む動作の困難

　筋肉がおとろえたり、呑み込み動作ができにくくなったり、唾液の量が減って呑み込みが困難になってくると、食べる量がみるみる減ってしまい、体力もぐんと落ちてしまいます。呑み込みができない症状は、鬱の症状である場合もあります。「第 3 章　おしっことお通じ」の「安眠促進のための漢方薬」の項も参照してください（75頁）。

覚醒時に食べることと食事回数の調整　呑み込みがむずかしくなってきたら、まずしっかりと目が覚めている状態のときに食事をしてもらうことがとても大切です。薬などでねむい状態のときや、昼と夜がひっくり返っていて、朝方などあまりよく目が覚めていないような場合には、唾液もでず、筋肉の動きも鈍くなっているので、とても呑み込みにくくなり誤嚥（ごえん）も増えます。こういうときは無理に朝食を食べさせず、体調に合わせて体がしっかりと起きたときに食べてもらったほうが、確実に食欲もでます。

必要な消化時間の問題　もうひとつ、年を取ると消化に長時間かかるようになります。朝、昼をつづけて食べると消化できないうちに次の食べ物が入ってきて胃がパンパンになり、だんだん食べられなくなってしまうことがよくあります。こういうときにはむしろ１日２食、早めの昼と夕食のようにして食間の時間を長目におくと、よりたくさん食べられるようになり、食欲がでる場合もあります。もしも間でおなかがすくようならば、軽いおやつを挟むようにします。一度にたくさんの量が食べられなくなったときは逆に、１日に５回６回と小分けにして少しずつ食べてもらうようにすると、かなりの量が食べられます。

食事の介助　自分で食べられなくなると、全体的にほかの機能もおとろえてきている場合が多く、食べ物があまりよく見えなくなっていることも多いので、実況中継型の食事介助をすると、よりたくさん食べてもらえる可能性があります。

　むせないように上手に食べてもらうには、これから何を食べるのかを予告し、さらに口に入れる前に今から入れることを予告し、スプーンなどで口の端にふれてから、口に入れます。それぞれの人により、噛むのに必要な時間がちがいますから、せかせかとつづけて口に入れるようなことはせず、本人が次の一口を食べる心の準備ができる時間をじっくり待ち、一口ごとにゆっくり適当な間をおいて食べさせます。

実況中継型食事介助　また、介護をする人が食事の解説をゆっく

りしながら（むせる原因になるので、口に食べ物が入っているときは、本人には話をさせないようにしましょう）、できるだけリラックスさせ、食べ物がおいしそうであること、好物であること、特別に用意したものであること、旬のものが入っていること、新製品であることなど、食べたくなるように上手に解説をしながら食べてもらうと食が進みます。

　「さあ、食事ですよ」「エプロンをかけますよ」「まず、水を一口飲んでね」と声をかけ、入れる前にコップで口にふれたり、ストローや吸い飲みの先を口にくわえさせたり、匙や口腔ケア用のスポンジ棒で口の端にかるくふれるなどして、口に入れることを知らせてから、ひと呼吸おいて口に入れます。

　このとき、舌が乾ききっていると液体が早く流れすぎます。舌が濡れていると、にじみながら広がって誤嚥が起きにくくなるので、「まず口をしめらせますよ」と言いながら、最初はほんの数滴たらす程度に入れ、二口目からある程度の量を飲ませるようにすると、ずっとむせにくくなります。そして体調により1回の分量を加減しながら「はい、もう一口」「むせないでね」「また、いれますよ」などと、最初だけでなく、一口ごとに毎回声をかけながら飲ませます。高齢者は準備に時間がかかるので、「入れますよ」といったあと、かならず準備の一呼吸をおくようにすると誤嚥がおきにくくなるのは、飲み物でも食べ物でも同じです。

喉の筋肉の左右の麻痺など　　人によっては、口の中央部ではなく、右側あるいは左側に入れるほうが食べやすく、飲みやすく、むせにくいことがあります。知らないうちに軽い脳梗塞を起こしていて気がつかないでいたような場合、呑み込みやすさの左右差がでていることがあるのです。どちら側が苦手かなどもよく状況を観察しましょう。

　「今度はサラダを食べますよ」「はい一口」「今日はお母さんの好きなミョウガが入ってますよ」「次は大好きなフキの煮ものですよ」「急がないでゆっくり噛んでね」。

途中で眠くなってしまうと誤嚥の原因になりますから、「眠らないでちゃんと噛んでね」などと、始終声をかけ眠ってしまわないように気をつけます。最後まで逐一詳しい実況中継をしながら食べさせると、誤嚥がぐっと減り、食欲もでます。

　認知症のあるときは気が散りやすいので、気を引くあらゆる工夫が必要です。

食べる力の維持と噛むこと

　食べ物を喉に移動させて呑み込む筋肉運動は、基本的に食べる作業の繰り返しでのみ維持できるものです。流動食だけにしてしまうと、口全体の筋肉を使うことがなくなり、唾液もでにくくなり、呑み込む能力自体もみるみる落ちてしまいます。適度に固形の食べ物を食べてもらうことはとても大切です。

飲むこと

経口補水液

　高齢になると、食べることと飲むことが、完全な固形食から完全な流動食まで、なだらかに連続していることが見えてきます。前述したように純粋な液体の飲み物、とくに水は、命を保つもっとも重要な糧であるにも関わらず、一番むずかしいデリケートな食品であるといえます。高齢者は子供と同様に脱水症状になりやすいので、とくに水はたくさん取りたいところですが、だんだん取れなくなってしまいます。そのような場合にはポカリスエットなどのイオン飲料よりも点滴液に近い、OS-1 のような経口補水液（数社がだしています）を使うと、水分取り込みに必要なミネラル分が一緒に含まれているので、飲む量が比較的すくなくても、水分が体内に取り込まれやすくなり、とても役に立ちます。

　けれども、製品によって含まれる塩分やミネラルがそれぞれちがっていることは注意すべき点です。体外排出力の落ちている高齢者では、ひとつの製品ばかり飲んでいると、知らないうちにある成分の摂取過

剰になってしまう恐れがないとはいえません。入っている成分をよく
チェックして、たとえば家では、2製品を半分ずつブレンドして使う
こともしました。そうでなければ、ひとつにかたよらず、いろいろな
スポーツ飲料などもとり混ぜて、多種類のものを使うようにしましょ
う。よほど大量にとらないかぎり、自然の食品では取り過ぎはおきま
せんが、こうした人工的な製品は、気をつけないと高齢者には思わぬ
取り過ぎ、体内蓄積がおきますから、チェックは常に必要です。

冷たいものがむせにくい

　これは往診の歯医者さんから教えていただいたことなのですが、温
かい飲み物よりも冷たい飲み物のほうが、確実に誤嚥（ごえん）が少ないそうで
す。冷たいものは反射的に筋肉が閉まるようです。試してみたらたし
かにその通りでした。常温のもの、温かいものがむせやすくなってし
まった場合には、冷蔵庫で冷やして飲んでもらうとむせにくくなりま
す。冷たい飲み物は、胃腸にはあまりよくないかもしれませんが、呑
み込みに問題がでるような状態では、一度に大量に食べたり飲んだり
できるわけではありませんから、あまり心配する必要はなさそうです。
　ただし冷たいもの、火を通さないものは、雑菌の繁殖に極力気をつ
ける必要があります。飲みかけを置きっぱなしにするようなことは絶
対にやめましょう。
　水も一度に匙（さじ）一杯、10cc程度飲むのであれば、誤嚥（ごえん）対策という点
では、ぬるま湯よりも冷たいほうが確実に事故なく飲んでもらえます
から、キンキンに冷やした飲みものを飲んでもらいましょう。

トロミ剤

　呑み込む力が落ちてきた高齢者の喉を助けてくれるのが、トロミ剤
です。病院や施設などではお茶などの飲み物に、よくとろみをつけて
だしています。飲み物はとろみが少しでもついていると、喉に流れ込
むスピードが遅くなるので確実にむせにくくなります。ドラッグスト
アやスーパーの食品売り場、育児・介護コーナーなどでとろみをつけ
る粉末剤（例：トロミアップ、トロミナール、つるりんこなど）が入

手できます。高齢者は体外排出力が落ちているので、ここでも気をつけなければいけないのが成分です。同じ製品を長期間使っていると、ナトリウムやカリウムの取り過ぎなどが起きてしまいます。頻繁に使用する際には、なるべくいろいろな製品を使うようにして、時々血液検査ができれば万全です。カリウムはとくに、採血から検査までの時間が長くなると数値が増えてしまうものなので、多少数値が高くても無視されてしまいますが、以前の検査値と比べあまりに高いときには注意が必要です。ナトリウム、カリウムがそれぞれ極端に多い製品があります。こうしたミネラルのバランスが大きくくずれると、思わぬ重大な症状を引き起こすことがありますから気をつけましょう。

　粉末のトロミ剤を溶かすと、水から味噌汁まで、どんな温度の飲み物でも簡単にフレンチドレッシング状、ポタージュスープ状、ジャム状など、いろいろなとろみ具合の飲み物ができ上がります。

　ただ、トロミ剤で気をつけたいのは、それぞれの人の呑み込む力や、寝たきりの人は体を起こす角度により、最適なとろみ具合がちがってくることです。同じ人でも体調により時期により飲みやすい濃さが変わりますから、よく観察しながら粉末の量を細かく調整して使う必要があります。

　病院で介護士さんが、どんな大きさのカップにも同量のトロミ剤を入れているのを見かけましたが、小さなカップの中で少量のお茶が糊状になって、飲むことができない事態も見ました。小分けの３グラム袋でも半分でよい場合もあります。かならず量を調整して使うようにしましょう。

　薬を飲むときも、とろみをつけた飲み物やゼリー状の飲料で飲むと、とても飲みやすく、大きな助けになります。ただ、ここでも注意しなくてはならないのは、寝たきりの人です。普通に起きて飲むことができればあまり問題はありませんが、寝たきりの人は、トロミやゼリーが糊のようにねばって喉のひだに少しずつ残ってしまいがちになり、それが痰のように喉にからんで呼吸困難になることがあります。呑み

込む力が落ちている人にはとくに、そうした危険があることを十分考えて、濃さや体の角度を慎重に加減する必要があります。

　それからまれに、体の角度によって喉の一部分が狭くなっていると、息をするたびにトロミ液がシャボン玉現象をおこして、口からブクブクと泡をだしつづけてしまう現象が生じることがあります。肺の病気ではなく、とろみ成分による現象なのですが、知らないとびっくりしますし、本人は息が苦しくなってしまいます。いずれにしても自然の食品ではないので、便利ではありますが、安易な使い過ぎには注意しましょう。

哺乳瓶、吸い口をつけたペットボトル、ストロー

　今度は、飲み物の容器やツールについてです。家族がいないときなどに自分で水を飲みたい場合、水やお茶の入った容器が必要になりますが、寝たきりで飲み物に手が届かなかったり、手があまり使えないなどいろいろな状況があり得ます。そのようなときは、赤ちゃん用の哺乳瓶や、ペットボトルに取りつける吸い口をつけて使うと、片手が不自由でペットボトルや水筒などを回して開けることが困難だったり、コップや茶碗をしっかりもてないような場合でも、倒しても比較的中身がこぼれにくく便利です。

　経口補水液や、哺乳瓶、吸い口などは、ドラッグストアやスーパーの介護・育児コーナーなどで扱っていますから問い合わせてみてください。もちろんネットでの調達も可能です。ストローなどは 100 円ショップでもいろいろな太さのものが見つかります。

ストローの使い方

　ストローを使うときは、唇が乾燥していると空気が漏れて飲めません。スポンジ棒、脱脂綿などで唇全体をあらかじめよく湿らせておくとよく飲めます。肺にあまり活力がないと強く吸うことができず、水が口まで届かないことがあります。そのようなときには、少し細めのストローを短くして使うと吸い込む力が少なくてすみます。逆にトロミのついた飲み物は、あまり細いストローではかえって吸い込む力が

必要になるので、太めのほうが飲みやすいです。ストローも吸い込む力、飲み物の種類により、太さ、長さを調節するとより飲みやすくなりますから試してみてください。

自宅でできる喉や舌の運動

　自宅でできる喉の筋肉運動にはいろいろありますが、つづけてすることが何よりも大切です。けれどもなかなかつづけてもらえなかったり、喉の運動として特別におこなうことはむずかしい場合もあるので、比較的してもらいやすい運動をご紹介します。

　舌をだして上下左右に動かす運動や、口を「あ」、「い」、「う」と大きく動かして大きな声をだすことなどは、とてもよい運動です。唇と歯茎の間に挟まったものを取るように舌をぐるぐる左右に回す運動も、喉の筋肉全体を使うのでたいへん有効です。ただ、そうした運動もしてもらえないことがあります。そこで、食事のときに、歯茎と唇の間に食べ物が挟まってしまったら、自分の舌で取ってもらう作業を必ずしてもらいます。

　寝たきりの場合には、1日に何度も枕の状態を直すようにして、必ず自分で頭を少しもち上げてもらうようにすると、とてもよい喉の筋肉運動になります。毎日髪をとかすときなども、何度も左を向いたり右を向いたりしてもらい、頭の後ろにブラシをかけるときは、できるだけ自分の力で頭を枕から起こす動作を繰り返してもらうようにすると、喉の筋肉運動になります。朝夕や髪が乱れたときなどを利用して、喉の筋肉運動をしてもらいましょう。

　食事を介助するときは、食べ物をほんの少しだけ口からはみでた状態で入れて、自分の舌で口の中に取り込んでもらうようにすると、これも、とてもよい運動になります。こうして毎回一口ごとに、自然に舌や喉の運動をしてもらいながら食べてもらいます。こうした運動を毎食ごとにしていると、誤嚥予防のほか、はっきりと滑舌よくしゃべるためのよい運動にもなります。

介護食

　病院や施設では、患者や利用者の栄養のバランスを第一に考えて食事づくりをしますが、寝たきりになってしまうと、食事だけが唯一の楽しみとなる場合もありますし、食事の時間は家族との大切なコミュニケーションの時間でもあります。そして体調や状態によっては、栄養を考えるよりも、どんな食べ物でもよいからとにかく食べてもらうことが先決、という場合もあります。家庭ではまず、食べやすいこと、おいしいことは、ぜひとも優先したい条件です。

普通食の一口切り

　まず、普通食を食べやすくするには、豆腐やサンドイッチのような、一見やわらかそうなものも、一口で楽に食べられる大きさ（細切れではなく一口大）に切ってだすことからはじめましょう。たとえば、コンビニやスーパーで売っている一口サンドイッチも、半分か３分の１にします。こういうものはキッチンばさみで一口大に切ってしまうのが早くて便利です。ただし盛りつけはなるべく楽しくしましょう。しその葉やレタス、トマトを飾るだけで、より食欲をそそります。

　寿司、おにぎりなども、キッチンばさみで一口大に切り分けてしまいます。寿司は一貫を半分から３分の１に切ると食べやすくなります。海苔やしいたけなどは、食べやすそうで実はとても噛み切りにくいものです。油揚げや干ぴょう、キノコ類などは、よほど柔らかく煮たものでないと噛み切れません。海苔のように溶けてしまうものは、切れ目をたくさん入れておけば食べられますが、喉に貼りつく恐れがありますから気をつけます。

　肉や魚料理などは、あらかじめ包丁を細かく入れて筋を切っておき、さらに一口大にすれば食べやすくなります。焼き過ぎて硬くしないように気をつけます。こうして普通に調理したものでも購入したものでも、前もって少し加工するだけで、食べられるようになるものがたくさんあります。一番重要なことは、歯や入れ歯から逃げない適度の大

きさがあり、十分に汁気を含んでいて、口の中で噛みながら呑み込みやすい形に舌で丸められる素材であることです。必ず毎回家族が自分で食べてみて、食べやすさを確認しましょう。

ハーフミキシングのすすめ

　テレビでイタリア料理のシェフが、野菜の煮込みスープ、ミネストローネを2〜3日煮込んだ風のコクのある味に手早く仕上げるコツとして、野菜に火が通った段階で、3分の1から半分ほどをブレンダー（ハンドミキサー）でピュレ状にして元の鍋に戻し、仕上げの煮込みをする技を紹介しているのを見かけました。正にこれが介護食にもおすすめの「ハーフミキシング」です。この方式でカレーやシチュー、野菜の煮つけなどどんな料理も、作った量の3分の1ほどをブレンダーにかけてピュレ状にして同じ料理を和えると、とても食べやすい介護食になります。味の仕上げは味見をしながら適宜整えますが、高齢者はなるべく塩分控えめがよいので、ほとんど何も加えず、家族のために普通に用意した料理を、食べる力に応じて、量を調節してブレンダーにかけると便利です。魚や肉などは、だし汁や煮汁などを加えてブレンダーにかけます。

味のアクセント

　味のアクセントにはお好みでセロリ、パセリ、シソ、みょうが、生姜、すりごま、ゆずの皮などを最後に加えてざっくり混ぜると、香りや風味のバラエティが楽しめます。ブレンダー（ハンドミキサー）はかけ方次第で、食べ物をさまざまな状態にすることができますが、完全にクリーム状になめらかにしてしまったほうがおいしいものと、ざっくりのほうがおいしいものがありますから、味見をしながら、その時点での噛む力により、一番おいしい状態、適当な状態を探します。味には好みもありますから、それぞれが好きな味を探してください。失敗しないように最初は必ず少量で試しましょう。

ブレンダー（ハンドミキサー）を使いこなそう

　ブレンダー（ハンドミキサー）を使うときは、潤滑油になってくれ

る水分がないと動きません。水気の少ない食材の場合には、スプーン2杯から50cc程度の水か、だし汁、牛乳などを適宜加えてスイッチを押します。あらかじめ一口大にカットをした状態でかけると早くでき上がります。大きいものを無理矢理にブレンダーで回そうとすると、モーターが熱くなったり、回転カッターの刃が止まってしまったりしますから、材料を小さく切り、最初は1～2秒ずつボタンを押したり離したりしながら、少しずつ食材を砕いていき、回りだしたら味をみてお好みの流動状態になるまで回します。食材の量が少ない場合には容器を斜めにして使います。

　長く回すほどまろやかなクリーム状になりますが、養分が壊れてしまったり、食材によっては糊状になってまったくおいしくなくなるものがありますから気をつけます（例：ご飯、麺類など）。同じ野菜でも、取れたてのものと古いものとでは含まれる水分の量がまるでちがいますから、慣れて見当がつくようになるまでは毎回、味や食材の固さをたしかめながら使ってみましょう。牛乳やヨーグルトを加えるとまろやかな味になります。

　水分補給と食べやすさをかねた、ジューシーにするためのソースの量は、食べる力によって変えます。噛む力が比較的ある場合は和えもの風にし、少し弱い人にはタプタプのポタージュに具材がたくさん入っている状態にします。あまり噛めない場合は、ほんの少しだけ歯ごたえを残した具を別にとっておきます。たとえば、煮たジャガイモやかぼちゃ、バナナのように口の中で簡単につぶれる固さのものを適当な大きさにカットしたもの、もしくはキュウリの薄いスライスに塩ひとつまみを振って青臭さを抜いたものなどのように、噛みやすくて、食感がよいものを具材として入れることで、噛む作業を楽しんでもらえ、唾液の分泌を助けます。先に椀などに噛むための具を入れておき、液状にしたスムージーを上から注いで一緒に食べてもらいます。

ブレンダー（ハンドミキサー）選びとお手入れ

　ブレンダー（ハンドミキサー）は構造の複雑なものではなく、手入

れも使い方も簡単なハンドブレンダー（ハンドミキサー）をおすすめします。煮あがったばかりの料理にも鍋の中で直接使えますし、洗うのも簡単です。

　ハンドブレンダーを上手に使いこなすコツは、使い終わったら直ちに水洗いしてしまうことです。ブレンダー本体も容器もそうですが、少しでも時間がたって食べ物が乾いてしまうと、カスが落ちにくくなり、洗うのがとても面倒な仕事になるので、使うのがおっくうになってしまいます。中身を器などに移したらその場ですぐに蛇口の下で水洗いをする習慣をつけると、あとでもう一度洗剤で洗うにしても、格段に作業が簡単になります。ぜひとも“すぐに蛇口洗い”を習慣にすることをおすすめします。

点滴の効用と食べる力

　点滴は、高齢者にありがちな脱水、栄養失調などの問題を緊急に解決するときなどによく利用されます。不足している水分、栄養分、ミネラルなどの緊急補給、低血糖時の糖分補給や、体力の全般的な低下、極度の疲労状態、極度の便秘や消化不全などがあったり、あるいは高熱で食べられない場合などには、薬の同時投与もでき、絶大な効果を発揮します。このようなときには、点滴をしてもらうととても元気になります。往診の先生にお願いして、家で看護師さんにしてもらうことが可能です。

　ただ、栄養補給のために点滴を長期間つづけてしまうと、食べ物を噛む機会がなくなり、頬の筋肉が痩せてしまって入れ歯がゆるくなり使えなくなります。加えて、喉の筋肉を使わないために呑み込む力も急激におとろえ、唾液もでにくくなり、あらためて口から水分や食べ物を取ろうとすると、むせるようになってしまいがちです。こうなると誤嚥が増え、結果的に肺炎につながる場合もあります。病院では点滴を多用しますが、長生きをしてもらうためには、点滴はなるべく必要最小限にして、食べ物を口から取る習慣を失わないようにすることをおすすめします。

点滴の負の作用について

　もうひとつ、どの病院でもあまり優先的に考慮されないようでしたが、点滴は、なんども血管を傷つけますから、とくに高齢者は血管がぼろぼろになりやすく、点滴液が皮下に漏れてひどい水ぶくれ状態を起こすことがあります。延命と病気治療に焦点をおく病院では、こうした点滴液の漏れが、かなりの程度まで容認され、軽視される傾向があるように見えました。本人にとってはひどい痛みを伴い、寝ている苦痛をさらにつらくします。寝たきりの人の生活クオリティを考えると、こうした状況での点滴は拷問でしかなくなることもあるので、よく考えて選択したほうがよいと思います。

　これらのことからも、口から直接食べたり飲んだりすることを目指すほうが、結果的によい方向にいく可能性もありますから、医師と相談してみてください。使わない機能はあっというまにおとろえます。点滴をなるべく使わないためにも、食べやすく呑み込みやすいもの、おいしいもの、好きなものをおおいに噛んで、自分で消化してもらうことは、経験からいって体力を保つためにとても大切なことです。95歳を過ぎた母が、高熱をともなう肺炎で緊急入院した2つの病院それぞれで、90パーセント助からないと言われたとき、2回とも1日から2日の点滴だけで劇的に回復して、10日後と12日後に退院できたのは、毎日食事をきちんと口からとっていて、体力があったからだと確信しています。

味覚の変化と味つけ

　すでにお話ししましたが、高齢になると味覚も変化します。その変化は人それぞれで、しかも時とともに刻々と状況が変わります。最初は味がしっかりした濃いものを欲しがる傾向が見えたので、全体に味覚が鈍感になっていくものなのかと思いました。ところが、途中から今度は逆に塩辛いもの、甘いもの、辛いもの、すっぱいものなど、味の強いものすべてがだめになる傾向がありました。必ず使っていた辛子やカレーを辛いと言って食べなくなり、かんきつ類やイチゴなどか

なり甘いフルーツやヨーグルトもすっぱいと言って食べなくなり、甘い菓子は、甘すぎると言って食べなくなったのです。味覚の許容度がなくなり、だんだん幼児期に戻るのでしょうか。

　そうした変化の結果、家では一切調味料を使わなくなりました。利用する食品にすでに含まれているものだけで介護食の味つけとしては十分になったのです。以下に、誤嚥が起きにくく、バラエティも考えられベースとして使える、料理ともいえないほど単純な、火を使わない３品をご紹介します。家ではこれらに毎回、ほかの料理を適当に加えて使っていました。野菜やタンパク質などを取るレシピと、おもに水分や糖分を取るためのレシピが２つです。

〈レシピ１〉
普通食から流動食まで使えるグラデーションミックスサラダ

　血液をきれいにし、お通じを整えるために野菜はとても大切です。野菜があまり好きでない人にも食べやすい、なんでもミックスサラダの、普通食から流動食までのグラデーションレシピをご紹介します（ドレッシングたっぷりサラダ、たぷたぷ和えもの風サラダ、具入りスムージー）。本人と家族の二人分です。

　取れたての新鮮な野菜が身近で手に入れば、もちろんそれを使うほうがおいしいです。スーパーやコンビニなどで調達している場合は、洗い済みのカット野菜も利用できます。介護をしているとキッチンに長くいられない場合があり、野菜を洗って切ること自体がたいへんになることがよくあります。そんなときは袋入りの洗い済み野菜もおおいに利用しましょう。多種の野菜を個別に買って同じものを作ることを考えると、とても便利です。洗い済み野菜は、８種類、10種類、12種類など、なるべく多種類の野菜が含まれているものを積極的に利用しましょう。これはそのまま味噌汁やスープの具にもなります。

◆ **グラデーションミックスサラダ　―材料例と作り方―**

(1) 以下の材料を皿でざっと合わせ、1/3〜1/2 をミキサー（ハンドブレンダー）専用カップに入れる。残りはそのまま皿に盛りつけ、サラダにする。

- オニオンサラダ（カット済）　1/2 袋
- 千切りキャベツ、洋風サラダ、イタリアンサラダ、和風サラダなどから一種類（カット済）　1/2 袋
- キュウリ　1/2 本
- トマト　　中 1/2 個　または　小 1 個
- リンゴ　　1/2 個（なし、イチゴ、キウイなどでもよい）
- バナナ　　1/2 本から 1 本

(2) 以下も(1)のカップの材料に加えて、一緒にブレンダーにかけ、ソース状にする。

- プレーンヨーグルト　90〜120cc
- かくし味：無添加ツナ缶、鶏ささみ缶、帆立フレーク、ハム、または、ちくわ・カニもどき・かまぼこなど魚のすり身加工食品（調理済の魚や肉などなんでもよい）　うち一種類を 30 グラムから 50 グラムほど
    ※　かくし味は臭みのでない程度の量
    ※　ブレンダーにかけずに、サラダに適宜入れてもよい
- きざみ長ネギ　少々
- うまみ：納豆昆布、しいたけ粉など　少々
- ナッツ類：ピーナツ、カシューナッツ、アーモンド、マカデミアナッツ、クルミなどの素焼き（無塩、ノンオイルのもの）全部で 6〜10 粒ほど、二種類ほどを選ぶ
    ※　あまりたくさん入れるとこってり重くなるので注意
- 香味用：すりごま、シソ、みょうが、生姜、らっきょう、セロリ、バジル、パセリ、梅、ゆず
    ※　香味用はいくつか選択、分量は適宜

(3) 皿に残した(1)のサラダにブレンダーのソースを和えて完成。
(2)の香味用の食材を、好みで最後にさっくり合わせても香りが
ひき立ちます。

　このようにするとかたよらずに多くの野菜が取れ、味つけはトマト
や果物の酸味、リンゴやバナナの甘み、調理済みの魚や肉、加工食品
に含まれる塩分でじゅうぶんです。オニオンや長ネギ、らっきょう、
ナッツ類などでうまみや深み、アクセントがでてとてもおいしいサラ
ダができます。甘さはお好みで、バナナやリンゴの量で調整します。
　ここに挙げた食材を一度に全部使うのではなく、毎回あるもので適
当に作ります。量も加減し、日替わりでミックスの仕方を変えると、
味の変化も楽しめます。ショウガなど香りのある野菜でアクセントを
つけると、いろいろな風味のバラエティサラダが楽しめます。
　干しシイタケもうまみとしてとてもおいしいですが、もどすのに時
間がかかり、高齢者が噛めるように柔らかくするのはたいへんです。
その点、しいたけ粉は簡単に加えられ、かつビタミンＤが豊富なので、
寝たきりであまり外にでられないなど日光浴ができない人にはとても
役に立ちます。いろいろな料理に小匙一杯入れるだけでよいので介護
食にはとても便利です。
　材料をブレンダー（ハンドミキサー）にかけると山盛りの野菜が汁
椀一杯分になってしまいますから、残りのサラダを和えるちょうどよ
いトロミソースになります。これで調味料はほとんど使わずにおいし
いサラダができあがります。
　これをベースに、本人の噛む力によってブレンダーにかける量を加
減して汁気を多めにしていき、あまり噛めなくなったらスムージーに
してしまい、バナナだけ小さなスライスの形で、具として器に入れて
噛んで食べてもらうなどします。このようにすると、特別に介護食を
つくらなくても、家族と一緒のものが食べられます。

　おおざっぱに言って、リンゴとバナナとヨーグルトは入れたほうが
おいしいです。サラダとして普通に食べる場合も、バナナとリンゴを
入れるとその食感とボリュームで噛みにくい葉物野菜が噛みやすくな
ります。

　でき上がりの味がどうしてもしまらない場合は、酸味を少し加える
とたいてい解決します。酢、ポン酢、胡麻ドレッシング、うめぼし、
レモン、または海苔や昆布の佃煮などをごく少量加えてもおいしいで
す。いずれも入れすぎは塩分過多になりますし、すっぱさが苦手な高
齢者も多いですから気をつけましょう。ちょっとした微調整だけで味
は整いますから試してみてください。

〈レシピ2〉　フリーズドライ利用のにゅうめんと雑炊

　飲む力が弱ってきている高齢者には、水分をたっぷり含むことので
きる食材が、栄養面だけでなく水分補給の意味でもとても重要になり
ます。その筆頭としてたくさん利用したいのが、ご飯と素麺です。

　雑炊から粥へのグラデーションと、とろとろのにゅうめんは、介護
食には最適です。素麺もご飯も汁椀一杯の味噌汁やスープを吸ってく
れますから、水分補給におおいに利用できます。うどんはこしがあっ
て噛み切りにくかったり、弾力がでて喉に詰まる恐れがあり、ソバは
喉にゴソゴソ引っかかりますが、素麺は調理時間も短く、安全で介護
食に向いています。そしてここで登場するのがフリーズドライ食品で
す。

　介護をはじめるまでフリーズドライは利用したことがなかったので
すが、今はとても便利に利用しています。身近で入手できたいくつか
の製品の中では、アマノフーズの製品が、バラエティも豊富で味つけ
もよく、利用しやすいと思いました。味には好みがありますからいろ
いろ試してみてください。お値段は一食あたり80円から250円ほど
でしょうか。アマノフーズはみそ汁30種、ビストロリゾット4種セッ
ト、にゅうめん4種セット、中華粥2種セット、無添加海藻スー

プアソートセットなどなど、組み合わせがたくさんあって減塩の製品もあります。一食ごとに塩分の量が書いてあるので、塩分のコントロールが容易なところも使いやすいです。

◆ フリーズドライ介護食　―材料と作り方―

・ご飯　半膳から8分膳　または、素麺　50グラムほど
・フリーズドライの味噌汁やスープ、にゅうめん　1食分

(1) ご飯を温めておく。素麺はゆでておく。
(2) 味噌汁やにゅうめんの包みを椀にあけ、指定量より少し少なめから多めまで塩加減を見ながら熱湯を注ぐ。
(3) (2)が完全にでき上がってから、(1)を入れてしばらく置く。

これで、バラエティに富んだ雑炊や、にゅうめんのでき上がりです。すでに麺やご飯が入っているフリーズドライ製品も、たいてい味が濃い目にできていますし、入っているご飯や麺の量が少ないので追加します。むしろ追加分を入れてちょうどよい味になることも多いです。

素麺のゆで方

　介護食の場合、素麺はゆで過ぎのような状態、とろとろの状態で食べることになります。わざわざこのような食べ方をするには、素麺自体の味がよくないと、おいしく仕上がらないことがいろいろ試してみてわかりました。関東出身なので元々あまり、にゅうめんを食べる習慣がなく、素麺といえば真夏に冷たいつけ麺で食べるくらいで、品質もそれほど気にしたことはなかったのですが、今回、介護食に利用するにあたり、あれこれ食べ比べてみて、びっくりするほど差があることを発見しました。コンビニやスーパーのハウスブランドの製品数点と、揖保乃糸などいくつかの有名メーカー品を食べ比べた結果、メーカー品はお値段が張りますが、水分をたぷたぷに含んだ状態で食べるには、おいしさがまったくちがいました。いろいろな製品があります

からお近くで見つかる製品を試してみてください。

　麺は本人が食べる場合も食べさせる場合も、短い方が食べやすいので、半分に折って鍋に入れます。イタリアの家庭でもスパゲッティを半分に折ってゆでているのをよく見ましたが、素麺も半分に折ったほうが、高齢者には、はるかに食べやすくなります。

　素麺はゆでません（火にかけません）。鍋などの容器に素麺を入れ、湯沸かし器やヤカンから直接熱湯を注いで、お箸でゆっくりかき回しながら洗います。粉気と塩気をよく洗い落とすために、熱湯を注いでかき回しながら3回から5回湯を取り替えて洗います。ゆでるだけだと塩抜きができません。最低3回は湯をかえないと塩辛くなり、塩分の取り過ぎになります。すでに完成した味付けの料理に麺を追加するわけですから、濃い塩味がついていては塩辛くなりすぎて、高齢者には向きません。そこで塩気、粉気、日向臭さをできるかぎり抜くために、ほとんど流水状態にして熱湯を取り替えながら、洗い流しながら"ゆでる"のです。粉臭さが消え、芯がなくなり、火が完全に通ってゆで上がっているかどうか、必ず食べて確認してください。湯沸かし器で沸騰状態の湯が出ない場合には、ヤカンなどで沸かした湯を注いでください。くれぐれ

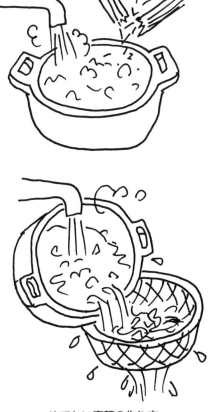

ゆでない素麺の作り方

69

もやけどには気をつけましょう（なお、小麦アレルギーのある方には使えませんのでご注意ください）。

　こうしてゆでる麺は蕎麦のかたゆで風、歯ごたえのあるパスタ、アルデンテ風に仕上がります。

　家族はそのまま味噌汁やすまし汁、中華スープ、洋風スープなどに入れると食べる頃にはちょうどよい、おいしいにゅうめんとしていただけます。

　介護食のほうは、本人の噛む力により、最後の湯につけおく時間や味噌汁内でねかせる時間を加減して、適当なやわらかさにします。ほとんど固いものが噛めなくなっている人でも、ほかのものを食べている間にふたをして置いておくと、麺が水分を吸って柔らかくなり、上あごと舌でつぶれる硬さになり、喉越しもよいので、水分もたくさん補給できてとても食べやすい、おいしい料理になります。にゅうめんだと思うとゆで過ぎだと感じるかもしれませんが、ワンタンのようにたくさん水分を含んで、とろとろで食べる料理だと思えばおいしいです。フリーズドライ食品は、麺のほうがおいしいもの、雑炊のほうがおいしいものがありますから、いろいろ試してみると楽しいです。人によっては粥よりも素麺のほうがむせにくい場合があると思います。食べさせてあげるときは汁を切るようにして口に運んであげます。

　ご飯のほうも同様に、冷蔵庫などにあるご飯を事前に熱湯に少しつけておいてから入れるとおいしい雑炊になります。粥のほうがよければ、ご飯を茶わんあるいはタッパなどの容器に入れ、湯をたぷたぷに（2〜3ミリかぶるように）入れてよくほぐし、電子レンジの解凍のほうで5〜6分（電子レンジの出力と米のタイプや量によるので調整してください。これは700Ｗ時玄米の場合）温めると粥になります。これを椀の味噌汁やすまし汁などに加えます。最初は少しずつ加えて、味をみながらご飯の量を加減してください。

〈レシピ3〉　水分補給、粥代わりのリンゴとご飯のミキサーがけ

　「リンゴとご飯のミキサーがけ」は、すぐにむせてしまって、水がほとんど飲めなくなった人のための水分補給レシピ、低血糖のときにも使えるレシピです。粥代わりに使え、むしろ粥よりもこのほうが食べやすい場合があるかと思います。よく冷えた状態で食べてもらいます。

> ◀ **リンゴとご飯のミキサーがけ　―材料と作り方―**
> ・ご飯　1/4 膳から一口分（玄米、もち麦入りご飯でもよい）
> ・甘いリンゴ　1/2 個（大きい場合は 1/3 個ほど）
> ・経口補水液にぶどう糖（例：大丸本舗の固形ブドウ糖）を溶かした水　50cc
> 材料をすべてブレンダー（ハンドミキサー）にかければ完成です。

　これを1日3回から5回、食べてもらいます。いっぺんにたくさん食べられない場合には、2匙、3匙ずつ5分おきなど時間を少し置いて飲ませてあげてください。極力むせないように気をつけ、毎回、口に入れることを予告しながら口元に運びます。リンゴのしゃきしゃき感とさわやかな酸味が、ご飯のまったり感を消し、ご飯でリンゴの酸味がまろやかになる感じで、喉越しもよいので、おかゆをあまり食べられないときのバラエティのひとつとして試してみるといいです。

歯磨き

　食後の歯の手入れに「歯を磨く」という表現が日本で定着してしまったことは、日本人の歯の健康にとって不幸なことだったと思います。「歯を磨く」という表現は、しなければいけない作業のポイントをぼかしてしまっています。

食事のあとは歯を磨くのではなく、口の中に残っている食べカスを徹底的に撤去する作業をするのです。とくに高齢者の場合、これをしているかどうかで歯の健康に大きな差がでて、手入れが悪いと歯が次々に折れてしまったり、だめになったりして食べられなくなります。ですから「歯を磨く」のではなく、食べかすの物理的な撤去がぜひとも必要なのです。よく歯科医院ではどういう角度で磨くかなどと延々と時間をかけて教えていますが、それよりも「食べカスの撤去」と言ってくれたほうがよほど、しなければいけない作業のポイントがわかると思うのですが…。

　からだが少し不自由になってくると、たいてい歯の手入れがいい加減になってきます。そんなときは、食べ終わったらすぐに水かお茶を飲んでもらうようにすると大きな助けになります。そのまま放っておくと食べかすが取りにくくなりますから、食後すぐに歯のケアをする習慣が、作業を簡単にする一番のコツです。

　寝たきりの人のケアではまず、柔らかめ、小さ目のブラシで歯の表面、裏面、毛先が届く歯間の食べカスを掻きだします。次に、歯間ブラシやデンタルフロス、糸ようじなどで歯間に残っているカスを取り除きます（毎回ティッシュなどでブラシなどについたカスをぬぐうようにすると作業がしやすいです）。最後にうがいができる場合にはうがいをしますが、むせやすくなるとうがいはできなくなります。その際には、スポンジ棒（例：お口キレイスポンジなど）で歯の表面裏面、歯茎の表面裏面、上あご、舌、ほっぺたの内側など、口の中全体を何度もふき、清潔にします。あまり力を入れると、すれて出血したり痛いので気をつけます。

　口の中が不潔になっていると雑菌が繁殖して、誤嚥をしたときに肺に菌が入って肺炎を起こします。口の衛生は、高齢者にとってはとくに、歯の健康のためだけでなく、肺炎予防のためにもとても大切です。

配膳サービスの利用

　家庭での介護の場合、もうひとつとても大事なことは、介護をする

家族の負担の軽減です。もしも経済的に可能で利用できるサービスが近くでみつかる場合には、週に一度から数回配食サービスなどを利用すると、介護をする人がホッと一息つくことができます。

　介護の疲労がたまってくると心の余裕を失い、鬱気味になってしまうこともしばしばあります。そうなると毎回料理を考えて作ること自体が重い負担になります。週に一度でも二度でも配食サービスを利用したり、生協などの半分調理済み食材の宅配サービスを利用すると、精神的負担を少しだけ楽にしてくれることは、まちがいありません。味つけが完全に気に入ることは、なかなかないと思いますが、使ってみるとわずかでもほっとする時間をもつことができ、介護が長つづきします。

地域包括支援センター

　配食サービスのない地域もありますが、こうしたサービスがある地域では、地域の中心的な病院に行くとパンフレットが置いてあることが多く、いずれの場合も「地域包括支援センター」に行けば、さまざまな介護関連の情報が得られます。「地域包括支援センター」というのは、公の介護関連の総合情報センターです。名前がちがう場合もありますが、市役所などで聞くと教えてもらえるはずです。

　一緒においしいものをたくさん食べて長生きをしてもらいましょう。おいしく、楽しく食べられることが、一番心身の栄養になると確信しています。

第3章　おしっことお通じ

　おしっことお通じ、排せつの問題は、生きていくためにはもっとも重要な条件のひとつです。それなのに、"人間の尊厳にかかわる"、あるいは"沽券にかかわる"と思われるせいでしょうか。恥ずかしい気持ちも手伝って、なかなかオープンに話す機会がないのが現状です。けれども恥ずかしがっている場合ではありません。もっともっとオープンに話ができるようにしたいものです。

　おむつの使用についても同様です。自分でトイレに行くことができなくなっても、"おむつのことなど聞きたくない""おむつなどまっぴらだ"と思う人が多いのはご想像通りです。

　たしかにトイレで用が足せれば、足腰のリハビリにもなって筋肉のおとろえを軽減できますし、ウォッシュレットのお世話になることもできます。どう考えてみてもそれが一番よいにちがいありません。けれども現実には、病院などの施設では、慢性的な人手不足もあるのでしょう。トイレに連れていったり、ベッドから抱き降ろしてポータブルトイレに腰かけさせたりするのは手間がたいへんです。からだの不自由な高齢者は、入院とほぼ同時に尿管をつけられ、おむつの使用を余儀なくされることも多くなります。家では普通にトイレで用を足していた場合など、本人も家族もおおいに不満かもしれません。

安眠対策としてのトイレ問題解決

　けれども実際に家で介護と向き合ってみると、この病院の方針は、「無理もない」と思わざるを得ない部分もありました。1時間おきにトイレに連れていかなければならなくても、交代制のない家庭です。

とくに夜間は、おむつ交換以上に、介護をする人のたいへんな負担になります。慢性的な寝不足におちいり、本人ともども疲労困憊、疲れ果ててしまうことにもなってしまいます。

　だからなんとしてでも、この状況を改善する必要があるのです。本人の辛さはもちろん、ずっと快眠できないことでふらふらして転んでしまったり、認知症が進んでしまう恐れもあります。しかも、最悪の場合、介護をする家族のほうが倒れてしまう事態も起きかねません。頻尿、頻便の問題の解決は、家族全員のための重要な安眠対策にもなります。これを乗り切るには、本人の体調をよく観察して、可能なかぎりの対策を講じることがぜひとも必要なのです。そこでこの問題について、ひとつずつ状況を見ていきたいと思います。

頻尿の問題

　いわゆる頻尿の問題には、さまざまなタイプがあるようです。原因がはっきりしている場合には、医師の指導の下に治療をすすめ、投薬など受けることがまず基本です。けれども、高齢者はとくに、不安など精神的な要因が重なって頻尿になっているケースも多いようです。同じように食べたり飲んだりしていても、とても楽しい話題で寝つき、家族がそばで同時に寝たなど安心できる状況があると、不思議に夜中も目を覚まさずにぐっすり眠れることもあるものです。

安眠促進のための漢方薬

　精神的な不安や心配ごと、からだの痛み、冷えなどで頻尿になっているような場合には、それぞれの体調や原因に合わせて処方してもらえる漢方薬が役立つケースがあります。保険がきき、手軽に使える漢方薬がたくさんありますから、まずは試しにかかりつけの医師に相談してみるとよいかもしれません。

　軽度の鬱状態や、呑み込みができにくいといった症状の緩和には、半夏厚朴湯（ハンゲコウボクトウ）が効くようです。寝ると決まって足がけいれんしてしまい、痛くて眠れずに尿意をもよおしてしまうような場合のけいれんの薬には、筋肉の緊張をほぐすことに即効性のき

きめのある芍薬甘草湯（シャクヤクカンゾウトウ）、手足が冷えて眠れない人のための冷え症の薬として、当帰四逆加呉茱萸生姜湯（トウキシギャクカゴシュユショウキョウトウ）などはその一例です。漢方薬は普通効き目がゆるやかなので、ご紹介した中では芍薬甘草湯は例外ですが、ほかの薬は効果を得るには少し長期に飲みつづける必要があります。

　次に、頻尿の症状緩和に役立ったいくつかの体操をご紹介します。

頻尿軽減体操

　膀胱周辺の筋肉運動を毎日すると、症状が改善することがあります。筋肉の緊張とリラックス状態を意識的に繰り返すことも、とても役に立ちます。以下にご紹介する体操は、NHK の健康番組など、テレビで専門医が紹介していた体操をひとつずつ試してみて実際に効果のあったものや、より効果があるように２つの体操を組み合わせたりしたものです。運動の名前はわかりやすさを考えて新しく作っています。

CT スキャン運動

　息をできるだけ大きく素早く吸って、５秒ほど止めること（ちょうどレントゲンや CT スキャンをとるときの感じです）を５回ずつ、１日に何度か気がついたときに繰り返します。この運動をすると、自然に腹式呼吸になり、腹筋や膀胱の周りの筋肉も連動して動員されて、止めたあとに息を吐くと、筋肉の緊張がとてもよくゆるみます。息は最後までよく吐き切りましょう。上手にできるようになったら、息を止める時間を 10 秒に伸ばします。ただし、心臓が悪い方は、医師に相談してからにしてください。この運動は、尿のコントロール力アップと排便を促すことに役立ちました。便が腸いっぱいにたまっていると、膀胱の尿をためるスペースが圧迫されて狭くなったり変形して、それが原因で尿漏れや頻尿になる場合があるようです。

肛門開閉運動

　５つ数える間、肛門を意識的に閉めたり、ゆるめたりする運動を、

これも気がついたときに5回ずつ、1日に何度か繰り返します。これは肛門の周りの筋肉と膀胱や尿道の周りの筋肉が連動することを利用して、肛門のしまりをよくし、かつ、尿もれのコントロールを改善するための筋肉訓練にもなるようです。この運動のとき気をつけることは"息を止めない"ことです。息を止めると血圧が上がってしまいます。息をしながら肛門をキュッと閉めてみましょう。忘れないように毎日タイミングを決めて食事のあとやトイレのあと、おむつ交換のあとなどに家族が促し、繰り返してもらうとよいでしょう。前の運動もそうですが、家族が大きな声で数を数えながら運動をしてもらい、できたら褒め、達成感を味わってもらうようにすると、運動をつづけてしてもらえる可能性が高くなります。

運動をしてもらえないとき

　なかには「そんな運動はしたくない」とか「そんなことは無駄だ」と言い、すすめる運動をまったくしてくれない場合もあります。認知症で運動を理解してもらえないケースもあります。運動をしてもらえないときは、無理にすすめず、家族ができるかぎり落ち着いて、ゆったりとした話し方と笑顔を心がけることが、なによりも大切です。

気持ちのリラックス

　じつは、本人をリラックスさせるためにはまず、家族がリラックスしなければならないのです。言うのは簡単ですが、これはじつにむずかしいことです。それでも経験からはっきり言えますが、家族が神経質になり、ピリピリいらいらしてくると、介護をされる人はそれを敏感に察知して神経質になり、頻尿頻便がひどくなったり、下痢をすることがよくあるのです。

　逆にこちらがゆったりと構えているだけで、相手もリラックスして身体状況が大きく改善して、結果的に介護が多少なりとも楽になることは、介護をしていて常々感じることなのです。

　寝たきりになった高齢者は、軽度から重度まで、さまざまなタイプの認知症を抱えていることも多いものです。認知症がある場合もない

家族のリラックス

場合も、接する人の心理状態を敏感に察知して、過敏に反応することがよくあります。認知症で、複雑な説明の意味が理解できなくなっても、むしろ家族の精神状態、殺気立っているとか、悲しみ、緊張、怒り、ピリピリ、いらいらのような状態は、ほとんど動物的、本能的なアンテナで敏感に察知します。こちらが笑顔で落ち着いて接すると、安心してリラックスし、いろいろな身体的・精神的状況が改善し、うそのように世話がしやすくなることがあるのです。本人よりもまず、介護をする家族のほうが、毎日できるだけリラックスして、頻繁に深呼吸をする必要があるのかもしれません。

尿がでにくい場合のだし方

　高齢になると逆に、尿がなかなかでにくくなる場合もよくあります。筋肉がうまく使えなくなってしまったり、とくに夏は脱水気味になったりで、尿がほとんどでないことがあります。そして、でたいのにでないときには、尿道炎や膀胱炎を疑う必要もあります。そのような病気がない場合には、できるかぎり水分を取るようにし、深呼吸をして息を吐き、からだがリラックスした状態のときに下腹中央部を軽く押すと、膀胱が押されて尿が飛びでる場所があります。寝たきりの場合には、からだを横向きにすると、膀胱が刺激され、たまっていた尿が

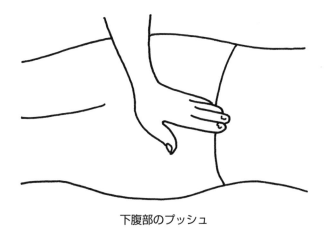

下腹部のプッシュ

自然にでてくることもよくあります。赤ちゃんがおむつ替えの最中に
おしっこをかけたというのはよく聞く話がですが、おむつ替えの最中
に膀胱が刺激されて尿が飛びだすことはよくあることです。姿勢を変
えることも、このように尿をだす助けになる場合があります。

頻便の問題

　今度は、頻便(ひんべん)の問題を見ていきます。もともと高齢になると、若い
ときとはちがって、腸の働き自体がにぶくなってしまうので、ひどい
便秘になったり、便秘と下痢をくり返す傾向が見られます。とくに女
性は、更年期以降、ホルモンのバランスが悪くなることや運動不足が
原因で便秘がちになることがとても多いようです。仕事や家庭のもめ
ごと、さまざまな原因のストレスや緊張も、便秘や下痢の大きな原因
になります。
　高齢者の頻便(ひんべん)は、消化不良や、細菌やウイルスなどの感染症、薬な
どが原因の下痢気味の頻便もありますが、かなりのケースではむしろ
逆です。腸の運動能力が落ち、筋肉の力がなくなって便を一気に全部
外に押しだすことができないためや、脱水気味になって便が固くでに
くくなり、一度にほんの少しずつしか外にだせないために、便がしょ

79

っちゅう出口付近に滞って刺激を受けつづけ、頻便(ひんべん)になっている場合が圧倒的に多いのです。つまり高齢者の頻便は、便秘が原因であることがたびたびあるのです。

そして、その状態がさらに重症化すると、長期間、液体のような便がほんの少量でるだけになってしまうことがあります。これは、腸の中で固い便の栓ができてしまっている証拠です。栓のわずかな隙間から漏れてくる水のような便だけが外にでている状態なのです。

回り道のようですが、お通じの状況が思わしくない場合には、まず状況を正確に把握することが何よりの解決の糸口です。

家庭でできる見極め

家庭でできる比較的簡単なお通じ不調の原因の見極め、そして何が効くのかの見極めには、しばらくの間、食事の内容や水分の取り方を一定にしておいて、ひとつずつちがう便秘解消法をすくなくとも5日から1週間つづけることを順に試してみる方法があります。現在、青汁、スムージーが全盛ですが、それだけ便秘の問題を抱えている人が多いということでしょう。ですが、便秘にはいろいろなタイプがあります。青汁もやみくもに始めず、それぞれの人の体質や状況をよく把握した上で使ったほうが、より効果的なはずです。

家族にできること

家で日々食事の世話をし、飲んだ水分の量を知り、トイレの世話をしている家族は、ある意味、お医者さまよりも細かい観察ができるわけです。家族にはむしろ、状況を把握して改善策を考えることが可能なのです。その人に合った改善策をしっかりみつけることは、本人が苦しまないだけでなく、介護をする家族の世話が楽になることですから、よく観察をして見極めたいものです。

もうひとつ、頻尿の場合と同じで、不安や精神的・心理的な緊張で便秘や下痢が起きることもよくありますから、いずれの場合にも、できるかぎり本人をリラックスさせることはとても大切なことです。

特別な病気があったり、便秘の副作用のある薬を飲んでいるとむず

かしいかもしれませんが、胃腸の状態が比較的普通であれば、寝たきりでも、毎日理想的な便がでるようにできるものです。以下に何人かのお通じ専門医のホームページや、NHKテレビの健康番組などで紹介されていて、実際に役に立った便秘についての情報を、かいつまんでお話ししてみます。

便の状態と食物繊維

　食物繊維が便秘に効くことは、テレビや健康志向の雑誌などで有名になりましたから、ご存知の方も多いと思います。一般に海藻類、イモ類、豆類、野菜、果物などは繊維質が豊富です。食物繊維には、水に溶ける繊維と水に溶けない繊維の二種類があって、二種類の繊維をバランスよく取ることが基本なのですが、高齢者は、もともと水分があまりたくさん取れていず、脱水気味になっていることが多いのです。その上、腸の運動がにぶくなり、消化に長時間かかって腸内に便が長くとどまるため、水分がどんどん吸収されて便が硬くなってしまい、さらにでにくくなることが多いのだそうです。

　便の状態を見極めるには、便の形を見ると比較的簡単に判断がつきます。便がバナナ状ではなく、コロコロと小さな玉状になっているのは、水分が足りず、便秘になっている証拠だそうです。ネットで「便の種類」で検索をするとたくさん画像が見られます。まずどのような便がでているのか本人に聞いてみましょう。小さな玉状の便がいくつもでたのか、それとも長く、くたりとした便が1回でたのか、下痢をしているのか、たいてい自覚していると思います。コロコロの玉状のときに、水に溶けないタイプの食物繊維をとってしまうと、便がさらに固くなり便秘がひどくなる場合があります。コロコロ便に水に溶けないタイプの食物繊維は禁物なのです。

水に溶ける繊維

　便が固くなり、でにくくなっているときには、できるかぎり水分をたくさん取るように心がけるとともに、水に溶ける食物繊維の多い食品（海藻類、納豆、こんにゃく、もち麦（白米にまぜて炊き込む）な

ど）を取るようにすると、便がやわらかくなりでやすくなります。水に溶ける繊維がゼリー状になって便に水分を含ませ、やわらかくしてくれます。そして、それでも問題があるようなら、必要に応じてかかりつけの医師に相談し、軟便剤（酸化マグネシウム錠、マグミットなど）を処方してもらうと効果的です。

水に溶けない繊維

　水分が十分にある場合、腸の運動が乏しい場合には、腸を刺激し運動を促してくれる水に溶けない繊維を多く含む、たとえば、豆類などを毎日少しずつ食べるとたしかに効果はあります。けれども、水に溶けない繊維の食べ過ぎは、便を硬くして逆効果になることがよくあるのです。毎日食べるにしても、その人に最適な量を見極める必要があります。ただ食べればよいのではなく、その人にあったタイプの繊維、食べる量や食べるタイミングの見極めも大事です。

軟便剤の使い方

　家庭で過ごす高齢者の場合、お医者さんはたいてい毎日の便の硬さや、食べたものの状況まで把握できていませんから、通常の一定量を処方してくれます。けれども、腸の運動能力、便のたまり具合、便の硬さ、水分をどれだけ取れたか、何をどれだけ食べたかなどによって、必要な薬の量が変わります。

　軟便剤を飲むときは、医師に処方された量をそのまま毎日飲むよりは、まず１日１回少量からはじめ、朝夕、毎食後と便の状況をみながら、回数や量、タイミングを加減したほうがうまくいく場合があります。薬を飲むもっともよいタイミングも、飲みはじめたときの腸の状態によってちがうようです。朝起きたとき、食前、食後すぐ、食後30分、食後１時間、寝る前など、様子をよく観察しながら調整すると、薬をより上手に生かせるようになります。それぞれの人の消化のスピードにより、ときには２日に３回がよいというように、毎日一定量ではなく、メリハリをつけたほうがよく効く場合もあります。

　おもにマグネシウム製剤である軟便剤は、おなかが痛くなりにくいといわれていますが、人によっては刺激性の下剤同様におなかが痛くなることもありますし、飲みすぎると下痢にもなります。

　下痢になってしまうと、肛門の周囲がただれてしまう原因にもなります。本人もおなかが痛くてつらいですし、体力を消耗してしまい、介護をする家族も処理がたいへんになりますから、なるべく下痢にならないように気をつけます。だからなおさら量の微調整が必要なのです。刺激性の下剤はなるべく使わないほうが腸の健康のためにはよいと思います。一時的に便秘を解消できても、規則正しい排便にはつながらず、問題の根本解決にはならないからです。

薬に必要な時間

　もうひとつ、高齢者、とくに寝たきりの高齢者には、慢性的な運動不足もあって腸の動きがにぶく、消化にとても時間がかかり、便が腸にとどまっている時間が100時間以上にも及ぶことがあるようです。食べてから便としてでてくる時間が、若い人よりもずっとかかり、軟便剤の効き目も時間がかかるのです。最初は服用してから3日後、4日後になってようやく便がでるようなこともあります。効かないとすぐにあきらめてしまわず、じっくり待ちましょう。食べたものの種類や量、飲んだ水の量をしっかりチェックしながら、薬の量を微調整するのが理想です。そんなとき、たとえば、一杯100ccの小さなコップを使って水やお茶を飲むようにして、取った水分の量が本人にも簡単にわかるようにすると、水を飲むことへの意識が高まる効果があります。

一食ぬきのすすめ

　消化器専門のお医者さんに教えていただいたことですが、下痢をしたときもそうですが、便秘で苦しくなってしまったときも、食事どきだからと無理に食べさせず、12時間以上食事をストップするのが効果的な対処法だそうです。便秘をしたときは、すくなくとも一食ぬいて、消化の時間をじっくり待ってみましょう。たくさん食べたほうが、

便が押しだされると思って、食べつづける人がいますが、腸が便で満杯になっている状態で食べつづけるのはよくありません。胃も腸もいっぱいになり、腸の動きが完全に止まってしまい、腸で滞っているうちに、便から水分が吸収されていっそう硬くなり、便秘をひどくします。無理に食べつづけるのは止めましょう。まずは一食ぬいて様子をみましょう。そして、便意をもよおしたら、自分でトイレが使える場合には、以下にご紹介する"便座体操"をぜひおすすめします。

便座体操

便器に少し浅めに座り、後ろに反り返るスペースがあるように腰掛け、両足を肩幅に開きます。手はこぶしを作り、腰骨とあばら骨の間の、みぞおちの両側に押すようにあてます。真横より心もち前寄りです（イラスト次頁）。

(1) 拳でみぞおちの辺りを左右交互に押しながら、座った便座の上でほんの少し上半身を前かがみにし、ゆっくりとおしりで足踏みをするように、左右のおしりに交互に体重をのせます。完全におしりを浮かせる必要はなく、左右交互にしっかり体重を移動します。こうすると体内で腸が動かされ、中の便が腸壁から離れてでやすくなります。これを 10 回ほど繰り返します。

(2) 次に拳でみぞおちの辺りを押してゆっくりと深呼吸をしながら、座ったまま、からだをゆっくりと前に倒し、もう一度深呼吸をしながら、今度はからだを後ろにそらせることを繰り返します。必要であれば、手すりにつかまるなり家族が手をつなぐなりして、便座から落ちることがないように安全におこなってください。こうすると腹筋や下腹部の筋肉、背筋に自然に力が入り、便が押しだされやすくなります。

この 2 つの体操を交互に何回か繰り返していると、多少でにくい

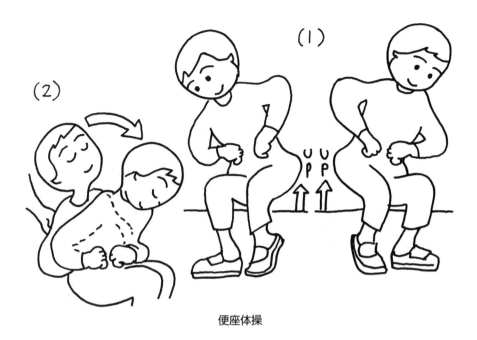

(1)

(2)

便座体操

程度の便ならばでてきます。介護をする家族が試してみてコツがわかると説明がしやすいので、まずは家族が試してみてください。

便座体操の注意点

　便座体操をするときのことですが、痩せた人、とくに太ももが痩せている人は、この体操をするとおしりや太ももの骨に便座があたって痛いことがよくあります。あらかじめ便座になるべく厚めの便座カバーをかけ、さらに必要なら、スポンジ、厚めの生理用ナプキン・尿とりパッドなどをつけてクッション性をよくして、くれぐれも、"便座ずれ"ができないようにしておこなってください。

便座ずれ対策

　便がほんの少しずつしかでなくなり、長時間便座に座っていることが多くなると、便座ずれができてしまうことがあります。座っているおしりや腿が赤くなったら、すぐに対処しないと傷がひどくなる恐れがあります。こういうときは、長めの5分パンツなどの股下をくり

ぬいて穴開きパンツをつくり、それをはいたまま便座に座るようにします。パンツにあけた穴の周りを縫うと縫い目があたるので、切りっぱなしにしておくのが一番よい方法です。このパンツの上に普通のパンツをはき、穴あきパンツをはいたままトイレをします。座っているおしりや太ももが直接便座にあたらないようにするのです。パンツをはいて便座に座っていると、たいてい傷が治ってきます。

　絆創膏の使用は、体重をかけて座りますから、すぐにはがれたり、すり切れたり丸まったりしてしまい、かえって痛くなることがあります。古い絆創膏を剝がしたり、新しいのにつけ替えたりしていると皮膚を傷め、逆に傷がひどくなることもあります。おしりや太ももには、何も貼らないほうが無難です。少しでも赤くなったらオリーブオイルやワセリン、クリームなどを塗り、穴あきパンツをはくようにすると、便座ずれをつくらずにすみます。

便の栓抜き

便座体操をしてもでない場合

　便座体操をしてもなかなか便がでないときは、緊張しているか、腸に活力がなく動きがほとんど止まっている状態、あるいは重症の便秘で、腸が便で満杯になってまったく動かない状態かもしれません。長期にわたって便秘状態がつづいているときは、固い便の栓ができている可能性もおおいにあります。栓ができてしまった場合は、どうしてもこれを取り除く必要があります。

便の栓抜き対策1　浣腸

　すぐに思い浮かぶ一般的な対処法は浣腸です。けれどもこの方法は、あまりに便の栓が固くなってしまったり、栓の位置が肛門から遠いケースには効かないことがあります。そして心臓病などがあるときには、血圧低下のリスクがあり、あまり体力のない高齢者にはからだへの負担も大きいので使えないことがあります。介護保険制度を使っている場合には、往診の医師によく相談をして、先生の指導の下に看護師さ

んにしてもらうのが安全です。

便の栓抜き対策2　座薬の下剤

　座薬の下剤を使っても、便の栓が肛門から遠いときはほとんど効果がないことがよくあります。下剤の使用も看護師さんにしてもらったほうが安心です。飲む下剤は、ひどい便秘で胃も食べ物で満杯になっているようなときには、おなかが痛くなるばかりで、まったく効かないこともよくありますからおすすめしません。

　浣腸も下剤も効いたときは、たいてい下痢状の便が大量にでますが、これらの方法では、腸の自然なリズムを整えることはできないので、日々の便秘状態の解消にはならず、一時的な応急処置にすぎず、頻繁には使えません。

便の栓抜き対策3　摘便

　浣腸や下剤が効かないとき、使えないときの対策で知られているのが便を指で掻きだす摘便(てきべん)です。これはかかりつけの医師、往診の先生の指示のもとに、看護師さんにしてもらうのが原則です。家族がすることもできなくはないですが、慣れないとむずかしく、看護師さんがする場合のように麻酔剤が使えないので、痛みが軽減できず、切れ痔にしてしまったり、腸壁を傷つけて出血させる恐れもあります。とくに、血液をさらさらにする薬を飲んでいるようなケースでは、血が止まりにくいので怪我をさせないように細心の注意が必要です。だから摘便も往診の医師によく相談をして看護師さんにしてもらいましょう。

　以下は、どうしようもなくなったときに試みて、とても役立った方法です。あくまでもほかに対策がない場合の苦肉の策として工夫したものですから、無理はしないことです。

便の栓ぬき対策4　なで便・こね便

　家族でも比較的簡単で、切れ痔などの事故を起こしにくい処置です。便を指で強制的に掻きだす摘便よりほんの少しハードルの低い、便にゼリーやクリームなどを混ぜ柔らかくしてでやすくする"なで便、こね便"です。

横向きに寝てもらい、使い捨て手袋をはめ、ゼリー潤滑剤（病院や看護師さんはキシロカインゼリーという摘便専用の粘滑・表面麻酔剤を指先につけて、肛門周辺部に痛みを感じさせないようにしてから摘便をするのですが、この薬は市販されていず、普通入手できないので、類似品として K-Y という潤滑ゼリーが代用できます）を手袋の人差し指の指先につけ、まず、肛門の近くに便が下りてきているかどうか、指先に固い便が触るかどうかたしかめます。指先に硬いものがふれるようであれば、それを外にだすのではなく、逆に一旦、できるだけ中に押し込んでみましょう。こうすると腸内で便が動かされ、腸壁にくっついている便が離れやすくなります。これをしただけでも、しばらくして便がでてくることがあります。でない場合には、腸壁にそって静かにゆっくりと便の周囲を指で触って状況をたしかめます。便の状態が確認できたら、潤滑ゼリー、またはワセリン・グリセリンがベースになっているトロリとした刺激の少ない保湿クリームのようなもの（例：ジョンソンのボディ用エクストラケア高保湿ローションなど）を指先につけ、便をなでるようにしながらほんの少しずつこねて、できるだけ柔らかくします。いっぺんにたくさんするのではなく、指の届く範囲のところをほんの少しずつ気長に柔らかくし、くずしていくのです。1日2回（1回あたり2〜3分）、数日から1週間くらいかけるつもりで、気長に無理のないように、出口に近い固い便の一部をなでて、こねて柔らかくしていくのです。これをすると柔らかくした分ずつ便がでてきますから、硬い栓が完全になくなるまで作業をつづけます。

　指で掻きだす摘便では、便の太さプラス指の太さで、肛門付近の皮膚にあまり潤いがなくなっている高齢者は、切れ痔を起こしやすく、腸壁を傷つける恐れもありますから、摘便ではなく、やさしく便をなでながらやわらかくする"なで便、こね便"を試みるわけです。この方法ですと、痛みも比較的少なく、便はほとんど自然な形で少しずつでてきて穏やかな栓抜きができます。平均して3日から5日ぐらい

で栓は解消します。"なで便、こね便"作業をする前後は、かならず肛門周辺を清潔にして、作業をしたあとは出口付近に、クリームをたっぷり塗っておきましょう。柔らかくなった便がすべってでやすくなります。

　座薬の下剤や浣腸を使う場合も、まず指先で便の先端部を腸壁から剥がし、このなで便、こね便をおこなったあとで使うと、薬が便に混ざり、腸壁に届いて効きやすくなります。肺炎で入院中、便が硬すぎ位置も遠いので摘便（てきべん）ができず、座薬も効かないだろうという状態のとき、看護師さん立会いの下、こね便を試みたあとに座薬を使ってもらったら、よく効いて驚かれました。

便秘解消時の下痢便

　栓をしていた固い便がなくなると、たまっていた便が一気にでてくることがあります。あとで詳しく説明しますが、トイレではなく、ベッド上での処置でも、おむつ1枚で周囲をまったく汚さないで世話が可能です。

　いずれにしても、こういうひどい便秘状態にならないように、普段から食べるものなどで、便の固さを上手に調整できていれば、便秘で苦しむこともなくなりますし食も進みます。寝たきりの場合でも、便意をもよおしたときに、トイレに行くのと同じように、おむつを開いてお通じをしてもらうことも可能です。こうすると便によるかぶれも防ぐことができますし、介護をする家族の処理も格段に楽になります。

排便後の肌の手入れ

　便がでるたびに繰り返し拭くなどしていると、肛門の周りがすれてしまい、たびたび洗うことで皮膚が乾燥しすぎて、炎症を起こしやすくなります。こまめに清潔にしておかなければ、便で皮膚が炎症を起こしかねず、かといってあまり完璧に清潔にしようと何度も洗うと、今度は乾燥のしすぎで炎症を起こしてしまうというわけです。皮膚の抵抗力には個人差がありますが、一旦きちんと清潔にしたら、その後は100％の完璧を追求しないほうが、おしりにはやさしいようです。

それによい便がでているときは、切れがよく、あまり汚れないものです。

肛門周囲の炎症対策

皮膚が炎症を起こして赤くなってしまったり、下痢などが原因で、肛門がはれてしまった場合には、ぬるま湯でそっと洗って清潔にしたあと、オリーブオイルを塗っておくとたいてい治ります。イタリア南部のオリーブオイル産地で、赤ちゃんのおしりやアトピーに、よくエクストラバージンオリーブオイルを使っているのを見ました。試しに使ってみたら、きれいに治りました。オリーブオイルについては「第4章　おむつのお世話」でもお話ししますが、皮下脂肪に成分が似ていて、皮膚の抗炎症作用がみとめられるようです。

便がゆるいとき、肛門の近くの皮膚を保護したいときには、少し粘り気のある白色ワセリン（プロペト）をコットンでつけるとよいです。便のすべりをよくして便をでやすくしたいときは、刺激の少ないとろりとした保湿クリームなどを使いましょう。

痔の薬などを頻繁に使うと、強すぎてかえってただれがひどくなったり、副作用もありますから、日常的に繰り返し使う場合は、なるべく刺激の少ない、肌にやさしいもので毎回小まめに手入れをするのがよいです。もちろん体質には個人差があります。合わないときには使うのをやめて、合うものを探してください。

もうひとつ、おむつを使っている場合には、汚れたまま長時間放っておくと、女性はとくに、膣内や尿路にまで便が入ってしまうことがあります。こうなると大腸菌などの膣内感染でおりものがでるようになったり、尿路感染が起きやすく、尿道炎、膀胱炎を引き起こす原因にもなりますから、小まめにおむつを交換する必要があります。

清潔にしなければならないし、かといって過剰ではおしりがたまりません。それに、1日に10回もおむつを取り替えるような事態になると、経済的負担も大変です。便秘問題の解決は、さまざまな意味で家族全体の快適な生活を守るために、ぜひとも真剣に改善を考えるべ

き重要な課題です。

トイレタイム

　尿意、便意を知らせてもらえる場合には知らせてもらいましょう。自分でトイレが使える場合には、家族がトイレまで事故がないように見守り、移動を手伝います。寝たきりの場合、この頃は尿がでたら知らせてくれるセンサーも開発されているようですが、毎日世話をしていると、食べたり飲んだりしたあとの経過時間など、知らせてもらわなくても、だいたい見当がつくようになりますから、こちらから積極的に声をかけましょう。

　逆に感覚が鈍感になり尿意をまったく感じないためトイレにいかず、膀胱が満杯になって尿漏れがおきたり、トイレでパンツを下すのがまにあわないといった事態も起こり得ます。失敗をすると本人は気分が落ち込みますし、家族も処理がたいへんです。切羽詰まらないうちにタイミングをみて声をかけ、トイレに行くことを促しましょう。

おむつの活用

　寝たきりの場合、病院では金属製の小さい丸いチリ取りのような形の便皿をあてて用を足しているのを見ましたが、それよりも、おむつの上でするほうがずっと痛くなく快適です。ベッドで用を足すときは、寝た姿勢のまま、できるだけトイレの姿勢に近い姿勢をとってもらうと便がでやすくなります。トイレタイムと言って、おむつのまま、まずおしっこをしてもらい、一段落したあと、今度はおむつを開いた状態で、お通じをしてもらうと処理も簡単ですし、感染症も起きにくくなります。

ベッド上のお通じ姿勢

　ベッドに仰向けに寝ている上半身を30度から40度ぐらい起こします。ひざを少し曲げて両足を開き、両足の裏に座布団やクッションなどをあてて踏ん張る姿勢にします。ほとんどトイレに座っている姿勢に近い姿勢をベッド上で再現するのです。このまま普通に用を足し

91

ベッド上でのトイレ姿勢

てもらいますが、そのとき、お通じがでるのを助ける方法があります。トイレでも同じですが、両腰骨の内側やみぞおちあたりに、押すと便がでる場所がありますから探します。これは指圧ではなく、歯みがきチューブを押すと中身がでる原理です。大腸にたまっている便を押すとあまり息まなくても便がでる場所がいくつかあるので、そこを探しだしておきましょう。

　これも家族が自分でためしてみると説明しやすいと思います。だいたい左右の腰骨のすぐ内側と、横隔膜のすぐ下、みぞおちの辺りです。ただし、胃下垂などで内臓の位置が大きく変わっている場合には、押す場所が変わるかもしれません。探してみてください。

その他の便秘対策

　腸がほとんど活動をしていない場合に効くといわれる製品も、片端からいろいろ試してみました。さまざまな試行錯誤の末、液体アロエが効きました。アロエは腸自体を元気にするといううたい文句だったので、"だめもと"で試したのですが、毎晩寝る前にほんの少量飲むことでうまくいき、毎日きちんと自発的に排便があるようになりました。けれどもこれも、それぞれの人の体質や体調、胃腸の健康状態な

どにより誰にでも同じものが効くとはかぎりませんし、合わない場合もあり、取る量の加減も大切です。このアロエにしても、通常1回分とされている量の半分で十分でした。どんなものも、まずは少量からはじめ、それぞれ適量を見つけるのがコツだと思います。ただし、病気の治療のため量が一定に決まっている薬は、処方どおりきちんと飲んでください。

　納豆、もち麦入りのご飯、野菜や海草などをたっぷり取り、必要なときは朝夕の食後などに軟便剤で少し調整するようにすれば、寝たきりでも毎日理想的な便がでるようにできます。便を観察すると、消化器の健康状態がとてもよくわかります。きちんと消化されていれば、黄色がかった褐色のほどよい固さの、あまり匂いのないバナナのような形の便がでます。腸内にいわゆる善玉菌がたくさんいると、匂いはきつくないものです。

乳酸菌、ビフィズス菌

　便の匂いがきつい場合は、腸内に悪玉菌が増えている状態なのでヨーグルトなどを取るようにします。ただし、NHKの健康番組に出演していた専門医によれば、乳酸菌も、ビフィズス菌も数多くの種類があり、人によって効くものとほとんど効果のないものがあるそうです。ヨーグルトならなんでもよいわけではないのです。数ある乳酸菌、ビフィズス菌の中から、その人に合うものを探す必要があるそうです。残念ながら誰にでも効くものはないのです。ヨーグルトも一種類ずつ、1週間ずつ試して食べてみるなどして、効くものを見つけるのがよいそうですから、根気よく探しましょう。

便座体操以外の体操

　以下に実際に試して便秘に効果のあった体操をご紹介します。これらもテレビ番組などで専門医から紹介されていた多くの体操の中で、試してみて簡単で、しかも効果のあったものです。原理は全部便座体操と同じです。

1. 立ってする体操

　朝起きたときなどにすると効果的な体操です。一人で立つことができる場合には、椅子の背などにつかまって両足を肩幅に広げ、ひざを軽くゆるめ、ゆっくりと前かがみ気味にひざを曲げながら片足ずつ体重をのせることを、左右交互に10回ずつ繰り返します。便座体操や座ってする体操と同じ原理ですが、こうすると腸が動かされて便が腸壁から離れ、でやすくなります。朝のほか、食後の歯みがきのときなど、気がついたときに1日数回すると効果的です。

2. 座ってする体操

　椅子、または車いす、ベッドなどに座ることができる人は、座った状態で、まず、ひざを曲げて片足ずつ交互に2回ずつ胸に抱えるようにしたあと、すでにご紹介した便座体操と同じ体操をします。からだの体幹を支える筋肉がなくなってしまうと、からだをまっすぐに保って座っていることができなくなります。次の方法を試してみて下さ

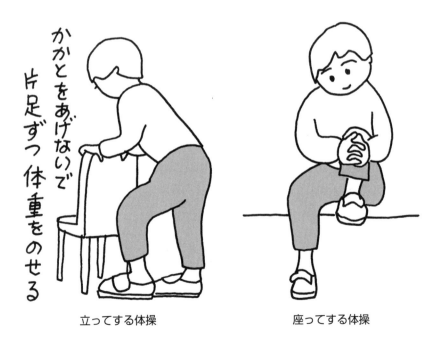

かかとをあげないで片足ずつ体重をのせる

　　立ってする体操　　　　　　　座ってする体操

94

い。

3. 寝てする体操

　仰向けに寝た姿勢の場合、座ってする体操と原理は同じですが、ひ
ざを片足ずつかかえるようにして、おなかに近づけることを、無理の
ない範囲で何度か繰り返します。次にひざを曲げたまま右向き、左向
きにからだをゆっくり横向きに倒します。

　家族が手伝うときには、まず両ひざを曲げてひざを立ててから、ひ
ざを向こうに押し、同時に肩を押すと、あまり力を使わなくても、か
らだは簡単に横向きになります。しばらくそのままの姿勢でいてもら
ったあと、仰向けに戻り足をまっすぐに戻します。今度は曲げたひざ
を手前に抱くようにして倒しながら同時に向こう側の肩を手前方向に
起こすようにして、からだをこちら向きの横向きにします。こうして
交互に2回ずつ左右の横向きにすることを繰り返します。これを1
日3回ぐらいすると腸のよい刺激になります。

　じつはおむつの交換をするときは、自然にこの体操をすることにな
りますから、意識的に左右によくからだをひねって動かしてもらうよ
うにしましょう。この体操をすると、おしっこだけでなく、自然に背
筋や腹筋が動かされ、腸も動いて刺激され、腸内の便が腸壁を離れて

寝てする体操

でやすくなります。

その他のお通じ介助法

　すでにいくつかご紹介しましたが、寝たきり状態のとき、家族が排便を介助するのに役立ったその他の方法を以下にご紹介します。これらはあくまでも試みです。その人にあった方法、やりやすい方法を見つけてください。

1. リズミカルプッシュ便

　からだを横向きにして寝かせ、使い捨て手袋をはめた指で、まず、便を中に押し込むように肛門を少し強めに10回ほど押します。便を中に押し込むと腸壁にはりついている便が動いて離れるので、でやすくなります。次に肛門の周囲をぐるりと触りながら、どこに便が入っているのかを探ります。ふれてみて肛門の周囲で硬くなっているところがあれば、そのあたりのくびれに便が下りてきています。

　肛門周辺に、保湿クリームのような潤滑油をつけたあと、今度は、肛門のまわりを、ほっぺたを引っぱるような感じで縦、横90度ぐらいの角度でゆっくりとリズミカルに交互に引っぱって、肛門を軽く広げたり閉じたりします（痛くない程度に）。こうすると便が腸内を徐々に移動して肛門まで降りてきます。すぐ（10秒ぐらいで）でる場合もあり、数分から10分くらいかかる場合もあります。しばらくつづけてだめなときは、一度休んでからもう一度繰り返します。どうしてもでない場合は、便がまだ下まで降りてきていないか、腸が緊張したままになっている状況ですから、なるべくリラックスしてもらうようにし、少し時間を置いてから再度試みます。本人も家族も慣れると上手になります。

　腸のくびれ方は人によってちがいます。そして、便がたまる場所もその都度かわります。便の先端が肛門から少し顔をだしたら、先ほどの肛門周辺で硬くなっていたあたりを素早く押すと、そのくびれに入っていた便が外にでてきます。ただし、あまり便が顔をださない内に

刺激をすると、カメが首を引っ込めるように肛門がしまって、せっか
くでそうだった便が中に戻ってしまいますから、すくなくとも1セン
チ以上外にでるのを待ってから一気に押しだします。

　便の先端が押しだされたら、今度はティッシュを肛門の下部にあて
がって、手招きをするように、手繰り寄せるように、ゆっくりとリズ
ミカルに押すことを繰り返すと、便が芋づる式にティッシュの上にで
てくれます。上手に押すと、とてもたくさんでてきます。

2.　摘便（なで便・こね便で慣れたあとで）

　摘便（てきべん）は、すでにお話ししたように熟練を要する処置です。看護師さ
んにしてもらうのが原則ですから、家族がおこなうときは充分に注意
しましょう。最初は使い捨て手袋をはめている指先で、複雑にくびれ
ている腸壁と便を見分けることすらむずかしいものですが、慣れてく
ると中の状況が指先でよくわかるようになってきます。まずは本人が
少し眠くなっているときなど、からだがリラックスしている状態のと
きに（緊張していると痛いので）試みてみましょう。緊張しているよ
うであれば深呼吸をしてもらいます。

　なお、介護の新米にとっては「便の栓抜き対策4」（87頁）でご紹
介した「なで便・こね便」は、指先を肛門の中の状況に少しずつ慣れ
させるために、とても役に立ちました。だんだん指で状況がわかるよ
うになると、摘便も自然にできるようになりました。摘便をするとき
は、仰向けに寝た状態か、または横向きでします。仰向けのときは、
おしりの左右にタオルなどを入れて少し高くして、股下に隙間を作る
と作業がしやすいです。本人の頭に背を向けてベッドに座って作業を
します。介護をする人の利き腕や、腸のくびれ具合にもよりますから、
それぞれ作業がよりしやすいポジションを探しましょう。

気兼ねの軽減

　オシモの世話は、される本人がとても気兼ねです。するほうもおっ
くうかもしれませんが、じつは慣れればそれほどたいへんな作業では
ありません。匂いのほうも、もっときつい食品がたくさんあります。

人間のからだというものはじつによくできていて、状況がよくわかるようになればなるほど、上手に扱うことができるようになるものです。観察をしていると、そのしくみには驚かされるばかりです。

　子供世代が世話をする場合などは、気兼ねをさせないように、赤ん坊のときにさんざんお世話になったのだから、こんどはお返しだから気にすることはない、おおいばりで世話になればよい、と伝えればよいと思います。

　オシモの世話はどうしても慣れている一人が、全面的にするようになりがちですが、できれば、必要なときに交代ができるように、最初から二人体制で世話に臨めれば理想的です。

　気持ちよくおしっこがでて、お通じがでると、食事もおいしく食べられ、頭もすっきりして笑顔になります。

　介護をする人は、はじめからすべてをしようとは思わず、ほんの少しずつ、だんだんにできることを増やしながら慣れていくと、いつのまにか自然に、いろいろなことが上手にできるようになっているはずです。

第４章　おむつのお世話

　初めておむつの世話をするときは、誰でも途方に暮れるものです。世話をされるほうには気恥ずかしさがあり、するほうもとても気が重いかもしれません。介護保険制度を利用すれば、毎日何回かヘルパーさんに来てもらっておむつを交換してもらうこともできます。そうできる場合には、制度を利用するのもよい方法だと思います。

　けれども、家族がおむつを交換するメリットもあります。毎日の便や尿を観察して、食事の状況と合わせて健康状態のチェックがしやすくなりますし、床ずれができていないかどうかのチェックもよくできます。それにおむつの交換も、少しコツがわかってくると案外簡単な作業です。

　以下は、まったく初めての方でも見当がつくように、おむつやおむつ交換について、できるだけ詳しくお話ししていますが、かならずこの通りにしなければいけないわけではありません。ひとつの例として参考にしていただければ幸いです。

病院と家庭でのおむつ交換のちがい

　４つの病院で延べ７か月にわたって「家で世話をしなければならないので勉強させて欲しい」とお願いして、大勢の看護師さん、介護士さんたちのおむつ交換、見習い研修の方の作業をたくさん観察する機会がありました。もしも入院をするようなことがあったら、“百聞は一見にしかず”、家族は出されるまま外に出るのではなく、見学させてもらうとよいと思います。けれども実際に挑戦してみて、自分でしてみなければ何もわからない、ということもよくわかりました。それ

に、病院では当然のことながら「いかに効率よく、手際よく作業ができ、短時間に多くの患者の世話ができるか」という点にポイントが置かれています。そしてこれもまた当然のことですが、看護師さんや介護士さんの負担をなるべく軽減することを考えて作業を分業化し、パターン化し、多くの場合、二人一組で作業をするように訓練されていました。

　家庭では病院のようなやり方はできません。また、そうする必要もなく、逆にそうしたら不便です。たとえば、病院では下用の蒸しタオルを看護師さんや介護士さんが洗うわけではありませんから、便をくるんでそのままポリ袋に入れたりしていましたが、家庭ではこんなやり方は実用的ではないわけです。地域のごみ捨てのルールでも、便はトイレに捨てることになっているはずです。

　それに病院では、おむつ代を病院がもつわけではなく、病院や提携業者が提供するおむつを使っている場合などはむしろ、たくさんおむつを使ったほうが料金を稼げることもあるのでしょう。なかには必要のないときまで、毎回おむつを交換している例も見かけました。清潔に保つことはもちろん大切ですが、家では尿とりパッドだけ交換することで、おむつ自体は数日使えますし、むしろ肌がデリケートな人の場合には、新しいおむつは硬くて“おむつずれ”ができやすいので、少し使って柔らかくなったおむつのほうが肌にやさしく、なじみがよいものです。

　このように病院や施設でのおむつ交換と、家庭での作業の仕方はおのずとちがってきます。病院ではたった５分の超特急でおむつを交換しているのも見ましたが、家では場合によっては30分から１時間かけて交換することもあります。それは家では、病院のようにおむつ交換時にその作業だけする、ということがほとんどないからです。おむつの交換というよりもむしろ、おむつを広げた状態で、ゆっくりと本人のリズムで用を足してもらい、終わるのを待って洗浄やおむつの交換をして、ついでに傷の手当などもしているからです。厳密におむ

つの交換自体にかけている時間は、それほど長くはないかもしれませんが、赤くなっているところを見つけたらクリームを塗ったり、おむつずれができそうなところにラップを貼ったりするので、すくなくとも30分はかかっていると思います。

おむつの導入

　本人がおむつを使うことをどうしてもいやがる場合には、お盆の帰省ラッシュの交通渋滞時に元気な人でも使い捨てトイレやおむつを使っている話や、災害時の防災用品としてトイレが使えない場合のおむつの利用、それどころか、国会審議中に、重要案件の採決でどうしても席をはずせないとき、絶対に抜けられない長時間審議のときなど、議員先生方もおむつを利用していると聞く話などをしてみて、使用の説得を試みましょう。おむつは、最近では介護の場面だけでなく、さまざまな生活場面で広く活用されているのですから。

　それでも、どうしても抵抗があるようなら、マジックテープで全開閉できるショーツ（産褥ショーツが代用できます）や介護用パジャマなどに尿とりパッドをつけて使ってもらいましょう。開閉式のパンツであれば、ベッドではもちろん、トイレでも、パンツの上げ下げをまったくしないでマジックテープを閉めるだけですみますし、パッドだけ新しくつけ替えて、そのままパンツとして上げ下げもでき、厳密には"おむつではない"ことになります。この頃の尿とりパッドはとてもよくできていて、家庭でも病院でもおむつはほとんどおむつカバーとして使われていますから、尿とりパッドをおむつとして使えばよいわけです。

おむつの種類

　介護用の紙おむつにはさまざまなタイプがあるので、はじめて買うときは、どれを選んだらよいか迷うと思います。お店やネットでおむつを探すと、たとえばアマゾンでは、(1)一人で歩ける方向け　(2)介助で歩ける方向け　(3)立てる方／座れる方向け　(4)寝て過ごすこと

が多い方向けなどと、ユーザー目線でおむつが選べるように分類が示されていますが（本書刊行時）、じつは⑴と⑵は同じ製品であり、⑶もほぼ同じなのです。

　実際にはおむつは、大きく2つのグループに分けられます。日常生活の中で多少とも立って歩き、トイレに行ける人には、洋服の下につけても動きやすく便利なパンツ型のおむつで、あまりかさばらない薄型。寝たきりの人の場合には、長時間寝ている状態でも隙間から漏れたりせずしっかりと横のガードができ、介護をする人の世話がしやすいように、両脇からおなかのところで固定テープをとめる前開閉式の厚型、という2つのグループです。

　そしてこのパンツ型や固定テープ式の大人用おむつは、家庭でも病院でも、ほとんどおむつとしてではなく、おむつカバーとして使われています。だからおむつは"外側用"と呼ばれることも多く、単独では使用されず、"内側用"の尿とりパッド・尿とりシートなどと呼ばれる製品と組み合わせて使うようになっています。尿がでるたびに毎回おむつを交換して1日に何枚も使い捨てるのでは経済的にもたいへんです。交換作業自体もパッドのほうがずっと簡単なので、尿を2回分、3回分（1回分150ccを想定）などとしっかり吸い取ってくれる尿とりパッドを内側につけて、毎回のおむつの世話では、このパッドだけを交換して、おむつのほうは、汚れるまで数日は使うのが普通の使い方です。

パンツ型おむつ（外側用）

　パンツ型おむつは、普通のパンツ同様に上げ下ろしができます。介助を必要とするにしても、一応、自分で立ったり座ったり歩いたりできる人向きで、トイレに行って用を足し、トイレでパンツをはきかえるようにおむつを交換することを想定しています。選ぶコツとしては、パンツ全体に施されている伸び縮みするゴムのシャーリングがきついと、とくに暑い季節などは汗で紙パンツがおしりにくっついてしまい上げにくくなりますから、少しゆるみのある大き目サイズ、たっぷり

広がる柔らかく伸びる製品が使いやすいです。このパンツ型おむつに、パンツ型専用の大小の尿とりパッドを選んで組み合わせて使います。

パンツ型おむつの便利な点

　おむつが必要になった高齢者は、トイレまで歩くのに時間がかかることも多くなります。歩くあいだは一生懸命我慢していても、トイレを見たとたん急に座るのがまにあわなくなってしまう事態も起こり得ます。切羽詰まってまにあわず周囲を汚してしまうと、本人の精神的ダメージが大きいですし、後始末も時間がかかってしまいます。こうした場合には、パンツを脱いでトイレに座るのではなく、トイレに座ってからパンツを破ってはずすことができるので、先にパンツのままトイレに座ってもらいましょう。排尿が一段落してから脱いでもらうか、または両脇を破ってはずすのを、必要であれば家族が手伝いましょう。片側ずつはずすとはずしやすいです。

　交換用の新しいパンツ型おむつは、内側にあらかじめ尿とりパッドをつけてトイレに用意しておきます。トイレに座っているうちに、つま先から普通のパンツと同じようにはいて、普通のパンツと同様に上に引っぱり上げてはきます。自分ではける場合には本人が、介助が必要な場合には、手すりや家族の肩や首につかまって立ち上がってもらい、家族が引っぱり上げます。新しいパンツ型おむつは、トイレに座って手が届くところにいつも用意しておきましょう。

固定テープ式おむつ ―― 寝ている人用のおむつ（外側用）

　固定テープ式おむつは、大きなショーツの両側を切って開いたような形をしていて、細くなっている股下部分で前後が１枚につながっています。折り込みを広げると左右両側に２つずつマジックテープがついています。マジックテープのついているほうがおしりの下に敷く部分、テープのついていないほうがおなかをカバーする部分です。おしりをおむつの上にのせて股下からおむつを引っぱり上げておなかを覆い、両脇から左右２カ所ずつのマジックテープでとめる構造です（イラスト110頁）。

　パンツ型と比べ固定テープ式おむつは、たくさんのメーカーがだしていて、お値段のほうもさまざまです。実際に多くの製品を使ってみて、いろいろわかることがありました。

　おむつは下着です。つけ心地のよい下着や下着の快適さには、まずからだによくフィットしていることがなによりも大切です。高価な製品がよいというわけでもなく、痩せ型の人、太った人、骨盤のかたちや股ぐりのかたち、肌のデリケートさなど、いろいろな条件によって、使い心地のよい製品、サイズがぴったりの製品は人によってそれぞれちがいます。

　はじめは選び方がわからず、どのようなちがいがあるのかを知るため、一番高い製品、一番安い製品も含め、いろいろ買って使ってみました。一般に安い製品はごわごわ硬めで、防水対策にはたいていポリシートが1枚入っているだけなので、蒸れてかゆくなりやすく、べたつきやすかったです。値段の高い製品は、吸水シートの素材がハイテク素材で、よく尿を吸収して漏れず、しかも通気性がよくて蒸れず、表面のさらさら感が保たれて、心地よい使用感がずっとつづき、値段だけのことはありました。

　ただ、ショーツやパンツの選択と同じで、同じMサイズでも、メーカーによって股の部分のカットやカーブの形、サイズが微妙にちがっていて合わないケースがあります。おむつの幅や長さ、形、股下の幅、柔らかさ、蒸れにくさなど、いろいろな要素がそれぞれ微妙にちがっているのです。事前に情報をチェックしていても、本人の体型や肌の特徴にもより、使ってみなければわからないことがたくさんあります。結局、値段もふまえ、よさそうな製品を順に試してみて選ぶのが正解だと思います。

　女性であれば、数ある生理用ナプキンの中から、お値段やつけ心地や厚み、幅、長さなどでいつもよく使う製品がだいたい決まってくると思いますが、それとまったく同じです。安いおむつを使っても紙が硬く肌に炎症を起こし、手当てに手間とコストがかかって高くつくこ

ともあり得ます。肌が丈夫で問題がなければ、一番安価なものをどんどん使い捨てるほうが便利な場合もあります。

　本人が選ぶことができない場合には、家族がよく観察をしながらいくつか試してみて選ぶほうが、トラブルが少ないと思います。とくに重要なのは股周りのカットの形です。合わないと隙間ができて尿が漏れやすくなったり、足のつけ根、モモの内側がこすれて、おむつずれができる原因にもなりますから気をつけましょう。

大き目はよくない（固定テープ式）

　固定テープ式おむつですが、はじめは大は小を兼ねるで、少し大きめのほうが漏れる心配が少ないのではないかと思い、Lサイズを使ってみました。ところが、大き過ぎると隙間ができ、中のパッドもずれて動きやすくなり肌がこすれ、尿漏れを起こしやすいことがわかりました。パンツ式とは逆に、固定テープ式はできるだけ、からだにフィットした製品を選ぶのがコツです。大き過ぎると交換のときも扱いにくいですから、いろいろなメーカーの同じサイズのものを試して、できるだけ、からだにフィットするものを選ぶようにしましょう。

尿とりパッド（尿とりシート）

　内側用の尿とりパッドは、生理用ナプキンに似た、小さく薄手の長方形に近い形のものから、厚みも幅もあるひょうたん型で、尿をたっぷり４回分から６回分も吸収でき、便も受けとめられる大型のものまで、いろいろあります。パンツ型おむつ用パッドは、一般に薄手で小さく、寝たきり用のパッドは大きく厚手です。大手おむつメーカーのホームページを見ると、製品ごとにどんな使い方を想定しているのか、どんな場面に適しているのか表がでていたりしますから、インターネットを使える方は、買う前の予備知識として仕入れておくのもよいと思います。

尿とりパッドの選択

　普通に日常生活をしている人のほんの少量の尿漏れには、生理用ナプキンのような下着に直接つけるタイプの大小のパッドが便利です。

10cc用、50cc用、80cc用などから、適当なものを選びます。しっかり１回分（150ccを想定）など多量の尿を吸い取って欲しい場合には、パンツ型おむつか尿漏れ用パンツの中におしっこ２回分用のパッドをつけて使うほうが安心です。

　寝たきりの人で、家族がおむつの交換をする場合には、固定テープ付の開閉式おむつの中に、想定される尿の量や、次回の交換までの時間の長さや体調（おなかを壊している、利尿剤を飲んでいる、朝までおむつ交換ができないなど）を考慮して、いろいろな製品を組み合わせて使い分けることになります。そして、内側用の尿とりパッドには、男女兼用品と性別製品があって、女性用は男女兼用品とほぼ同じ形ですが、男性用は袋状で、性器を包み込む形のものも多いです。

　ひょうたん型の大型パッドは男女兼用で、長時間使用や、尿だけでなく便も受け止める必要がある場合など、寝ているおしりの下に敷いて使います。

　普通はこのように外側用、内側用の２枚のおむつを重ねて使うことが想定されているのですが、多少コストはかかりますがもうひとつベターな方法があります。横浜の医療センターで看護婦さんに教えていただいた方法ですが、トイレに行けず、ずっと寝ている人には、汚物の処理のしやすさ、感染症防止の衛生面対策、尿の漏れだし防止対策の意味で、もう一枚追加のパッドを使用する方法があり、実際に試してみてとてもよいと思いました。

　のちほど交換作業のところで詳しく説明しますが、３枚使う場合には、外側用おむつとおしりの下に敷く広幅パッドに加え、男性は袋状の男性用、女性は薄型２回分用のパッドを尿の出口に直接あてて、でた尿をなるべくそこで吸い取ってしまうようにします。

自治体の支援

　なお、自治体によっては、介護用おむつの無料配布や、一般ごみが有料でも、おむつごみの無料化をしているところもありますから、毎日かなり大量に使うものだけに、住んでいる自治体に利用できる支援

があるかどうか情報を集めてみるとよいと思います。

おむつ替えと介護用ベッド

　大勢の患者の世話をする病院では、衛生上、患者が寝ているベッドの上に座り込んで作業をするわけにはいきませんから、ベッドの脇に立って世話をするのが原則です。立っておこなうおむつ交換には、ベッドの高さを自由に調整できる介護ベッドは必需品です。これがないと介護をする人が腰を痛めがちになります。実際、6か月ほど介護ベッドを使っておむつ交換をした経験がありますが、立った姿勢でのおむつの世話は、介護ベッドなしではほとんど不可能に思えました。

　ところが、その後家では、介護ベッドなしでまったく困りませんでした。それは、家では立って世話をしなければならない理由はまったくないので、ベッドに座って作業をするからです。実際立ってするよりも座ってしたほうがずっと作業がしやすいので、ベッドの高さはまったく関係がないことも発見しました。もちろん介護ベッドはいろいろ便利な点もたくさんありますが、家庭ではかならずしも必需品ではないと今は確信しています。

介護される人の身体状況

　介護用ベッドをはじめとして多くの介護用品は、介護される人よりもむしろ介護をする人が便利であるように開発されているといえます。もちろんそれはとても重要なことなのですが、介護をされる人の身体状況はじつに千差万別で、できあいの介護用品が合わないこと、不便なことがあり得ることだけは、知っておきたいと思います。たとえば、骨粗しょう症がひどく進み、背骨全体が圧迫骨折をしているような場合（昔よくみかけた腰が大きく曲がった状態）、あるいは常にからだをひねった姿勢で仕事をしていたせいで、からだに職業的変形がある場合、スポーツの影響で左右の発達が極端にちがう場合などです。このようにからだの変形が大きいと、角度をつけて起き上がるベッドがあまり快適でなく、からだがバランスよく支えられなかったり、はさまれて圧迫され苦しいこともあり、想定通りに心地よく使えない可能

性もあり得ます。

　それに、人によっては、背骨の 狭 窄 などで強い痛みがあり、ベッドに仰向けに寝た姿勢自体がつらく、仰向けに寝ると決まって足が痙攣をおこす人もいます。このように状況により、ベッドに横になること自体がうまくできない場合すらあるのです。１日の大半をベッドから足を下し座った姿勢で過ごさなければならないような状況で、夜もまともに横になれないような場合は、段階式に起き上がるベッドが少しも便利ではないわけです。

　猫背がひどいとき、痩せて背骨が恐竜の "なんとかザウルス" のようにギザギザにつきでているような場合には、どんなに痛くないといわれるエアマットでも、常に床ずれの危険と隣り合わせです。体型が比較的標準的な人には介護ベッドはとても便利ですが、そうでなければ、すすめられるまま使うのではなく、よく本人のからだの状態をチェックしてから使用を考えるほうがよいと思います。

おむつ交換の準備

　寝ている人のおむつの交換をするときは、途中で何かを取りにいくことがないように、事前に使うものすべてをベッドのそばに揃えて準備しておきます。

　以下は、使うもののリストと説明です。たくさんあるようですが、一度用意して箱にでも入れておけば、あとはなくなったものから順に補充するだけですから、決してたいへんではありません。太字が用意するもので、つづいてそれぞれの使い方の簡単な説明です。

●**固定テープ式おむつ（外側用）**　一度しっかり広げ、ギャザー部分を伸ばすようにします。固定テープが両側に２つずつついているほうが上（頭側）、ついていないほうが下（足側）になります（イラスト次頁）。おむつ交換の直前に広げて尿とりパッドを重ね、すぐ手の届くところに用意しておきます。慣れないうちは、両側に固定テープ

がついている幅広の部分を縦半分に折って、背骨がくる位置に中心線
（折り山線）で印をつけておくと設置のときわかりやすいです。

●ひょうたん型尿とりパッド・シート（内側用、尿4〜6回分用）
広げたおむつの上に、重ねて置きます。細くなっている中央の股のカ
ーブの部分で合わせるようにします。尿をたくさん吸い込んで欲しい
位置のちがいから、男女でパッドの向きが逆になります。女性は幅広
のほうを頭側（つけるとおしりの下になる）に、男性は幅広のほうを
足側（つけると股前になる）にして重ねます。おむつ（外側用）を交
換しないときは、尿とりパッドだけ寝ているからだのそば、手の届く
ところに置いて準備をします。

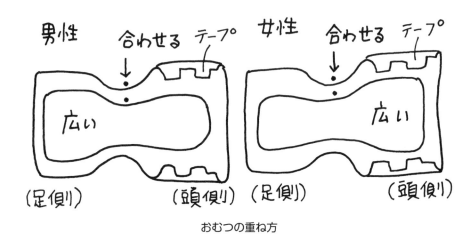

おむつの重ね方

●3枚目のパッド　3枚目を使うときは、男性は男性用尿とりパッ
ドまたは男女兼用尿とりパッドを1枚、女性は男女兼用尿とりパッ
ド薄型2回分用1枚。他1枚。この最後の1枚はおむつ交換作業中
に、からだを横向きにするときなどの、ふいの尿漏れ対策用で、太も
もの下や尿の出口付近をカバーするために使います。肌につけるわけ
ではないので安いもので十分です。

●使い捨て手袋1組＋予備2組　使い捨て手袋は、ゴム製、ニトリ

ルゴム製、ＰＶＣ（ポリ塩化ビニル）製の三種類がよく出回っていますが、ゴム製のものはアレルギーのある人は使えません。ニトリルゴム製は丈夫で使い勝手がよいといわれ、病院などでもよく使われていますが、ゴム製もニトリルゴム製も肌がつれるので、世話をされる人が一番痛くないのは、すべすべしたPVC製です。PVC製はパウダーフリーのものが使いやすいです。手袋は介護をする人の手が汚れないためだけでなく、介護をする手の雑菌を隔離するために使うので、使い回しをせず、毎回使い捨てて清潔な新しい手袋を使いましょう。

●**キッチン用などの半透明ポリ袋（20㎝×30㎝くらいの薄手のもの）**　介護をする人が袋の中で手の平を広げて、便をつかんで収納する作業がしやすい大きさのものを選びます。大き過ぎても小さすぎても作業がしにくいので、手の平サイズに合う袋を選ぶのがコツです。1枚＋予備2～3枚を用意。

●**ごみ袋**　透明または半透明のポリ袋2枚（レジ袋のように持ち手がついているものでも、単純な長方形の袋でも可）。一般ごみとして捨てる使用済みおむつや尿とりパッド、ティッシュ、トイレに流せないおしりふきなどを入れる袋と、トイレに流す汚れたトイレットペーパー、流せるおしりふきなどを入れる袋。あまり小さいとごみが全部入らず、大き過ぎるとかさばるので27㎝×35㎝程度が適当でした。

●**ティッシュペーパー1箱**　柔らかく、しかも、濡れても丈夫な製品が断然便利です。すぐにちぎれて肌にペタペタつくものは、とても手間がかかる事態になるので、多少高くても品質のよいもののほうがはるかに便利です。四つ折りにして使います。

●**トイレットペーパー**　これも濡れても簡単にちぎれない製品が便利です。手の4本指に2巻きしてミシン目のところでちぎった大きさの1回分を事前にたくさん用意しておくと便利です。最初にトイレットペーパー1巻き全部をこのサイズに用意して箱などに入れておき、徐々に補充していました。いろいろな大きさを試してみましたが、4重になっているこの程度の厚みと大きさが一番扱いやすく無駄

がなく、濡れてもちぎれにくいです（ダブル型ロール使用）。トイレットペーパーをくしゃくしゃにして使うと量をたくさん使うわりに、厚みが均等でないので手袋が汚れやすかったです。

●おしりふき・ウェットティッシュ　介護用おしりふきは見かけた製品すべてを試しましたが、トイレに流せるもの流せないものともにサイズが大き過ぎて無駄がとても多くなり、使い勝手がイマイチでした。むしろシルコットのウェットティッシュ、ピュアウォーターが、肌への負担も少なく、大きさも汚れの落ち具合もよく、使いやすかったです（ただしトイレに流せません）。

●蒸しタオル2枚　ベッドの近くに湯沸かし器がある場合には、60度以上で小さいお手ふきタオルを、蛇口で絞って使います。あまり高温だと適温に冷めず、やけどをさせてしまう恐れがあるので注意、低温だと消毒効果が低いです。手袋をはめていればそのまま絞ることができるはずです。湯沸かし器が近くになければ、あらかじめ熱湯でタオルを絞ってポリ袋に入れて用意しておきます。使用済みタオルはかならず熱湯で洗い、干しておきます。感染症防止のため、前側用とおしり用を分けます。タオルの色分けをすると便利です。

●肌に負担の少ない乳液かクリーム　たとえばジョンソンのエクストラケア高保湿ローションのような、グリセリン・ワセリンがベースになっている刺激の少ない乳液が便利に使えます（肛門周辺のふき取り、便の潤滑、なで便・こね便用）。アレルギーなどで合わない場合には、いろいろ試して合う製品を探してください。

●エクストラバージンオリーブオイル（食用）　肛門周辺部が炎症を起こしたときの塗付用です。良質のオリーブオイルはよけいな添加物がなく酸化しにくく、オレイン酸は皮下脂肪に似ていて皮膚の炎症をおさえる効果が実証されています。

●ワセリン（プロペト）　頻繁にゆるめの便がでるときなどの肛門周辺の皮膚の保護用。プロペトは塗り薬の調合ベースになっている練り油です。

●**キッチン用ラップ（幅狭）**　おむつのギャザーがあたる足のつけ根、おむつですれるおなかや背中、腰骨の赤くなる部分などに、肌を清潔にしたあと、保湿クリームやワセリンを少量つけて、絆創膏代わりに小さく切ったラップを貼りつけておくと、擦れ防止になります。これは手足の簡単な傷や、傷予防にも使えます。毎日交換し、清潔にしておきましょう。絆創膏など粘着性のあるものを頻繁に皮膚に貼ると、はがすときに皮膚を傷めやすく、傷がひどくなってしまうことがあります。それにラップのほうが絆創膏よりもずっと経済的です（これは、皮膚科専門医直伝の方法です）。

●**カット綿（3 × 4cm程度）**　オリーブオイルをつけるときや、床ずれになりそうな部分の周囲をぐるりと高くするために使います。

●**おしり洗浄用のぬるま湯を入れる容器**　介護用のおしり洗浄水容器をたくさん試しましたが、市販されている容器は一般に大きすぎて重く、とても使いにくいものでした。そこでいろいろな容器を片端から試してみたのですが、一番使い勝手がよく便利だったのは、ふりかけのような食品が入っていた容器でした。とても軽いポリ容器で、底の部分が広く安定する形で、出口が3センチ弱突きでていて、なんと逆さにしても水がほとんどこぼれず、押す強弱ででる水の量が調整でき、とても重宝しました（ぬるま湯が300cc程度入ります）。

　残念ながらラベルがなく、なんの容器かわからなくなってしまったのですが、思いがけない食品の容器などが便利な場合もありますから、先入観をもたずにいろいろ試してみるとよいと思います。ぬるま湯を入れておしり洗浄に使います。使い終わったら毎回空にして洗い、干しておきましょう。病院の看護師さんもこの容器を見て、とても使いやすいと絶賛していました。

●**ボディソープ**　元々うるおいが不足しがちになっている高齢者です。毎回使っていると乾燥しすぎになり肌トラブルを起こしますから、肌の状況を見ながら使用します。これも医療センターで看護師さんに教えていただいた方法ですが、ポリ袋に2~3滴たらして水を少々加

え、ポリ袋を膨らまし空気をたくさん入れた状態で、上下左右に激しく振るとすぐに泡がたくさん立ちますから、この泡をおしりにつけ、ぬるま湯で洗い流すと、やさしい泡で、気持ちのよい洗浄ができます。極少量の洗浄剤で上手に洗浄する方法です。

●**エプロン**　防水の物でも布製でもよいと思います。

●**使い捨てマスク**　おむつ交換のときは、ベッドに座ったりして至近距離になるので、感染症などを移さないためにも、マスクはぜひ使用しましょう。

ベッド周りの準備

　交換のときは、まず揃えておいたものすべてを、ベッドの近くの台や椅子の上、または直接ベッド上に使いやすいように配置します。とくに、手袋の上にかぶせて便をつかむために使う半透明ポリ袋や、トイレに捨てるごみと捨てないごみに分類する2つのごみ袋は、寝ている体のすぐ近くに置くと便利です。2枚重ねて縦に折り山をつけたおむつも手が届くところに用意しておきます。蒸しタオル、洗浄用のぬるま湯を入れた容器、トイレットペーパー、ティッシュ、ウェットティッシュなどもすべて手が届く場所において用意します。一度作業をしてみると、どこに何を置いたら一番便利か見当がつきますから、それぞれ使いやすい位置に置きましょう。

介護をする人の体の位置

　介護ベッドの横に立って寝ている人のおむつ交換をする場合には、介護をする人の腰骨の高さまでベッドを水平に上げて作業をすると世話がしやすいです。普通のベッドの場合には、作業によりベッドに座った姿勢でおこないますが、ベッドに腰かけるときは、タオルを敷いてその上に座るようにし、タオルはまめに取り替えましょう。

　おむつ交換のときは、寝ている人の足のほうを向いてベッドに横座りします（作業によっては途中で頭のほうを向くことあり）。このとき、介護をする人の利き腕が寝ている人側にくるようにすると、作業

座ってするおむつの世話

がしやすいです（位置が逆の場合、反対側から世話をするか、または、寝ている人の体を反転させて頭と足の位置を逆にすることもできます）。

　いろいろな姿勢で作業をしてみましたが、ベッドに座った姿勢が、一番世話がしやすく、腰もまったく痛くなりませんでした。

おむつ交換の実際

おむつの位置決め

　まず、基本的な２つのポイントをおさえておきましょう。おむつが、体の左右どちらかに片寄ることなく、股をはさんで体の前後に具合よくおさまるように、上過ぎず下過ぎず上手に設置することがもっとも肝心です。おむつの折り山、縦の中心線は背骨の位置にきちんとくるようにし、開いたおむつの上下（股の前後）の位置は、寝ている人の腰骨の位置で決めます。おむつの両側に２つずつついている固定テープが、腰骨をはさんでちょうど上と下にくる位置に設置すると具合がよく、腰骨に固定されておむつがずれにくくなります（117頁で詳しく説明します）。

　もうひとつ気をつけることは、かならず新しいおむつを、体の下や

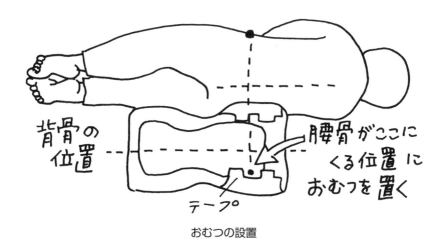

背骨の位置

腰骨がここにくる位置におむつを置く

テープ

おむつの設置

汚れたおむつの下にあらかじめ広げておいてからパンツを脱がせたり、汚れたおむつをはずすことです。体を横向きにすると膀胱が刺激され、肛門がゆるみます。ふいに尿や便がでることがあり得ますから、先に使用中のおむつをはずしてしまうと周囲を汚してしまうおそれがあります。作業の途中でいつ尿がでてもよいように、新しいおむつを下に敷いて準備してから古いものをはずすのです。これはぜひ習慣にしましょう。とくに慣れないうちは、急に尿がでてしまったりするとパニックになり、処理にとても手間がかかる事態にもなりますから、そうしたことの繰り返しがストレスにもなってしまいます。ストレスをためないためにも、ぜひこの準備養生を先にしておくことを習慣にしましょう。

　その他の説明は、交換の段取りの説明で、こうしなければいけないわけではなく、あくまでも参考例です。作業をするうちに、自然にやりやすい方法が見つかるはずです。

初めてのおむつ・夜だけのおむつ（パンツからおむつへ）

　まず、パジャマのズボンなど下半身に着ている上衣を脱いでもらいます。パンツ（ショーツ）はつけたまま、介護をする人に背を向けた横向きに寝てもらいます。横向きにする前に、男性も女性もパンツや

ショーツの中の尿の出口付近に、ふいの尿噴出に備え、ティッシュを数枚丸めてあててから横向きになってもらうと万全です。

　介護をする人が寝ている人を横向きにするときは、買い物かごをぶら下げる要領で、寝ている人の両ひざを片腕にかけるようにして曲げ、ひざを立てた状態にしてから、手前側のひざと肩を同時に向うに押すと、からだは簡単に横向きになります。ひざを曲げない状態でからだを横向きにしようとしても、骨格の構造上うまく横向きにはなりません。ひざを曲げてから横向きにするのがコツです。

　おむつを正しい位置に設置する方法ですが、２枚重ねのおむつの頭方向（固定テープのあるほう）をよく確認したあと、まず、寝ている人の背骨の位置とおむつの縦中心線を合わせる作業をします。

　固定テープ式おむつとひょうたん型尿とりパッドの２枚を重ね、おむつの縦２つ折りの中心線（折り山）を、横向きの背中のそばに置きます。横向きに寝ている体を仰向けに戻したときに背骨がきそうな位置に見当をつけ、おむつの中心線をその位置にずらします（だいたい背中から５センチ前後離れたところに中心線がきます）。

　次に、おむつの２つの固定テープが、寝ている腰骨の上と下にくる位置にくるように見当をつけ、おむつの設置位置を決めます。

　次に、ベッドに設置したおむつの位置を動かさないように気をつけながら、上側のテープのついている部分を２枚重ねたまま内向きに細長く丸めて、寝ているおしりの下に押し込みます（あとで反対側から丸めておいた部分を引っぱりだして広げます）。このとき、力まかせに横に突っ込むのではなく、マットレスを少し下に押すようにすると押し込みやすいです（119頁イラスト①）。

　横向きの体を仰向けに戻す前に、パンツを脱がせられるだけ斜めに脱がせます。次にひざを曲げたまま、体を一旦仰向けに戻し、さらに両ひざを片腕で抱えるようにして手前に倒しながら、同時に向こう側の肩もこちらに傾けます。向こう側から丸め込んでおいた２枚重ねのおむつを引っぱりだして平らに直し、同時に半分脱がせておいたパ

117

ンツを完全に腿まで下します。からだを上向きになおし、パンツを脱
がせます。これで、体の下におむつが敷けたわけです（イラスト②）。
3枚目のパッドを使う場合には、このあとで男性も女性もパッドを尿
の出口にあてます（あて方については少し先で詳細をご紹介します）。

　その後、おむつと尿とりパッドは、脚のつけ根のギャザーの形を整
えながら、股の間から1枚ずつ前側に引っぱりおなかを覆います
（イラスト③）。最後に、おむつの両側に2つずつついている固定テ
ープをとめます。まず、下側のテープを腰骨の下でとめ、おむつ全体
の形を整えながらウエストで指が2本入る程度のゆるみをもたせて、
上の固定テープを腰骨より上の位置でとめて完成です。

排便

　便意を本人が知らせることができる場合、病院では、なるべくおむ
つの上に排便はさせず、看護師さんや介護士さんの介助でトイレにい
ったり、ベッドの傍らに置いたポータブルトイレを使ったり、ベッド
上でおむつを開いて排便用のトレー（小さな丸いチリ取りのような形
で、ベッド上で便をするように作られた便皿）に排便をするようにし
ています。

　家でも、足腰のよいリハビリにもなりますから、動けるようならト
イレの往復を見守り、状況によりベッドの脇に置いたポータブルトイ
レを使ってもらいます。けれども、ほとんど自分で動けない場合、座
った姿勢を自分で保てない場合には、ポータブルトイレはとても手間
がかかり、とくに、一人で介護をしなければならないときには、ベッ
ドからの移動中、怪我をさせるリスクが高くなります。介護をする家
族の負担もとても大きくなるので、基本的にベッドの上で用を足して
もらうほうが、ずっと安全です。

　ベッド上で用を足す場合、病院で使っているような小型の排便用ト
レーは硬くて痛いので、痛さが邪魔をしてうまく排便ができないこと
もよくあります。それに便だけでるわけではなく、女性はとくに尿が
一緒にでるケースも多いので、用具は使えば使うほど洗浄に手間がか

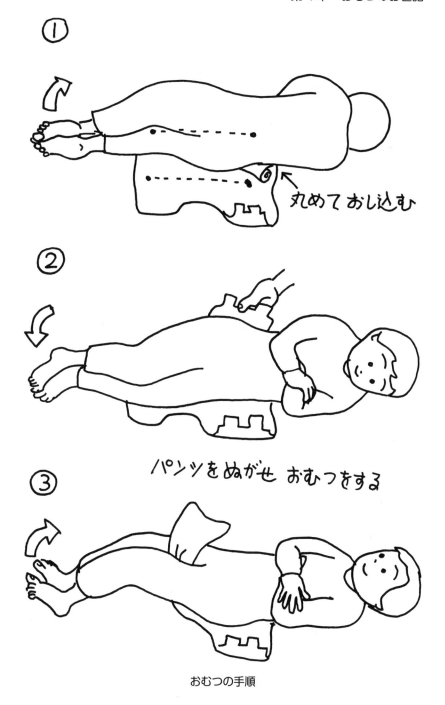

① 丸めて おし込む

② パンツをぬがせ おむつをする

③

おむつの手順

かり、周囲の汚れ防止シートの使用なども必要になってくるので経費がかさみます。

　結局、試行錯誤の末、本人にとっても苦痛が少なく、介護をする家族にとっても最善の方法は、トイレタイムにベッド上で、おむつの上に用を足してもらうことでした。こうすれば水分はその場ですぐにおむつが吸収してくれますし、肌のただれも起こらず、処理も、便はトイレに捨てればよく、おむつは丸めて捨てられますから一番簡単です。

　その際、おむつ内で尿や便がでてしまっているとき、尿意や便意を本人が知らせてくれるとき、いずれの場合にも気をつけることがあります。普通便と下痢便を考えればわかりますが、肌の汚れを最小範囲にとどめ、処理作業をできるだけ簡単にし、感染症を防ぐには、なるべく便と尿を分けておいたほうが都合がよいのです。女性はとくに、尿と便の混じった汚水や汚れたおむつは、尿路感染症の最大の原因になります。そこで、多少コストはかかりますが、先ほどもご紹介したように、男性も女性も３枚目の尿とりパッドを使う方法があります。尿は尿で、でたところですぐに吸い取り、便はなるべくトイレタイムにおむつを広げた状態でしてもらい、でたらすぐに回収するようにします。次に詳しくご説明します。

寝ている人のおむつ交換

　使い捨て手袋をはめ、腰骨の位置にある固定テープをはずしておむつを広げ、まず、尿の出口に直接あててあるパッドの濡れ具合と、便がでているかどうかをチェックします。

●少量の尿だけ

　尿しかでていず、上のパッドがほとんど吸い取って、下に敷いたパッドが汚れていない場合は、上のパッドだけ交換して作業は終了です。

●多量の尿・便

　おむつの上に敷いてある大型パッドが尿をたくさん吸っている場合、便がでている場合には、まず固形の便をできるだけ全部取り除きます。利き手の手袋の上に裏返した半透明ポリ袋をかぶせ、トイレットペー

パー（水分吸収用）でつかみとります。このときポリ袋を裏返して使うと、袋の縁がからだにあたらずなめらかで、便をトイレットペーパーと一緒につかんだまま、袋を表に返して収納すれば、そのままトイレにもっていって捨てられます。病院では手袋を２枚重ねて作業をしていましたが、便をつかむときはポリ袋のほうが、指の隙間から漏れしたたることがなく、そのまま袋を表返して便を収納することができ、しかも手袋より経済的でずっと便利です。

　おむつ交換の作業中、手袋をはめた手は極力汚さないようにします。手袋を汚してしまうとトイレットペーパーを取るとき、ティッシュを取りだすとき、ぬるま湯の容器をつかむときに、気がつかないうちにいろいろなものを汚してしまいます。手袋をはめた手は、最後までできるかぎり汚さないように作業をし、汚れたらすぐウェットティッシュできれいにふくか、または新しい手袋と交換します。

　洗浄は感染症を防ぐために、前側とおしり側を別々にします。でている便の量が少量の場合は、トイレットペーパーやおしりふき、ウェットティッシュで体やおむつ上に残っている汚物をできるだけきれいに取り除いてから、前側の洗浄をします。便がたくさん残っている状態で洗浄をすると、汚れていないところまで汚れを広げてしまい、汚水がはね、感染症のリスクが増えますから、なるべく便をきれいに取り除いてから洗います。ぬるま湯できれいに洗ったあと、蒸しタオルでふいて仕上げをします。

　便の量が多くパッドがひどく汚れている場合には、固形の便をトイレットペーパーでなるべく取り除いたあと、汚れたパッドの上に２～３回用の新しい尿とりパッドを広げてしまいます。体をウェットティッシュなどできれいにふいたあと、きれいなパッドの上で洗うようにします。こうすると汚れたおむつに残っている便を隔離して洗浄ができます。

　前側の洗浄が終わったら、体を背中向けの横向きにして今度は後ろからおしりをきれいにします。体を横向きにする前に、養生のため女

性は太ももの下にパッドを広げ、ティッシュを3枚ほど丸めて股にはさんで尿の出口にあて、男性も尿の出口にティッシュをかぶせパッドを巻いておくと万全です。

便の量が多くても少なくても、まずトイレットペーパーで残っている固形便を取り去り、その後、ウェットティッシュなどで汚れをきれいにします。便の汚れが落ちにくいときは、いつも洗浄剤を使っていると肌が乾燥しすぎて炎症の原因になります。そんなときは保湿乳液をティッシュに含ませて汚れを浮かして取り去り、ウェットティッシュできれいにふいて、そのあとぬるま湯を容器でそっとかけて洗浄し、蒸しタオルで仕上げをします。最後にまた保湿乳液をつけておきます。感染症を防ぐために濡れタオルは2枚使い、前と後ろは別々のものを使います。トイレに流せないティッシュやウェットティッシュは、汚れたパッドやおむつと一緒に燃やすごみとして捨てます（それぞれの自治体のごみのだし方を確認してそれに従ってください）。便とトイレに流せるペーパー類はトイレに、汚れたポリ袋は燃やすごみに一緒に入れます。このようにすれば、肌はトラブルなくいつもきれいでいられます。

おむつずれや床ずれのチェック

おしりがきれいになったら、かならず背中やおしりのおむつずれや床ずれのチェックをしましょう。おむつがすれて皮膚が赤くなっていたら、保湿ローションかワセリンをつけて、小さくカットしたキッチン用ラップを貼ります。

もしも骨が出っ張っている部分が、少しでも赤くなっていたら、床ずれ予備軍の恐れがあります。こういう場合には、赤くなっている部分ではなく、その出っ張りの周囲にぐるりとカット綿などをあてて、骨の出っ張りよりも高くして、赤くなっている部分に体重がかからないようにします。この作業はパッドの交換が終わってから最後にします（「第6章 安眠対策」の「床ずれ防止対策」も参照／153頁〜）。

パッドやおむつの交換

　こうして前側、おしり側の洗浄が終わったら、尿とりパッドだけ、またはおむつとパッドの交換をします。パッドだけ交換するときは、横向きでおこないます。おしりの下にある汚れたパッドの下のだいたい同じ位置に新しいパッドを差し込みます。奥の端のほうは丸まっていても、体を上向きに直したあとで、向こう側から直せますから、中心線の位置だけよく気をつけます。新しいパッドを敷いたら汚れたパッドをはずします。

　おむつと尿とりパッドの両方を交換する場合には、まず汚れたパッドだけ手前に引っぱって、はずしてしまいます。新しく用意した、お

よごれたパッドを取る

古いおむつ

新しいおむつとパッド

向う側から古いおむつを外し

新しいおむつを広げる

おむつの交換

123

むつと重ねたパッドの中心線（折り山線）と、仰向けに戻ったときに背骨がくる位置、腰骨の位置を確認しながら、古いおむつの下に新しいおむつを置きます（古いおむつの位置がずれていることがあるので注意）。新しいおむつの設置位置を動かさないように気をつけながら、2枚一緒におむつとパッドを開き、テープがついている上側の部分をそのまま2枚とも内向きに丸めて使用中のおむつの下に押し込みます（マットレスを下に押すようにする）。

　次に汚れたおむつの手前側半分を内向きに丸めておしりの下、新しいおむつの上に押し込みます。こうすると、こちら側には新しいおむつの半分が広がっていて、向こう側には古いおむつの半分が広がっている状態になります。いったんひざを曲げたまま、からだを仰向けにもどしたあと、体をこちら向きの横向きにします。こちら向きにするには、寝ている人のひざを片腕で抱え、もう一方の手で向こう側の肩をつかんで同時に手前に倒します。向こう側からまず、古いおむつを引っぱりだしてはずし、新しい2枚重ねのおむつをきちんと広げて直し、体を仰向けに戻せば、2枚重ねのおむつの交換終了です。慣れると体を斜めに傾けるだけで、片手でひざをおさえながら上手に手早く作業ができるようになります。

脚のつけ根のおむつずれチェック

　3枚目のパッドをあてる前に、脚のつけ根やおなかにすれて赤くなっている部分がないかどうかチェックをします。見つけたら保湿ローションかワセリンを塗り、ラップを小さく切って貼りつけておくとすれ防止になります。1日に1回は洗浄や濡れタオルでふくときにきれいにして、ローションをつけ直し、新しいラップに交換します。

おむつの前後左右がずれてしまった場合の修正の仕方

　もしもおむつが体の左右にずれてしまったり、股下でつながっているおむつが前後にちょうどよく配分できなかったり（おなか側、おしり側が長すぎたり短すぎたり）、中のパッドがずれてしまった場合には、直しておかないとおむつの左右の固定テープがうまく閉まらなか

ったり、尿漏れの原因になりますから、おしり全体をきちんとカバーする位置に修正しなければなりません。

　おむつの股下をはさんで、おなか側、おしり側が長すぎたり短すぎたりした場合は、まず、背中向きの横向きになってもらい、手前部分のおむつを2枚一緒につかんで、斜めに引っぱり上げ（下げ）ます。次にからだをこちら向きにして、向こう側のおむつを同じように斜めに引っぱってまっすぐの位置に直します。

　おむつのおしり側が長すぎた場合（おなか側が足りなかった場合）は、これ以外にも簡単な方法があります。利き手でない腕で寝ている人の両ひざを、買い物袋をぶら下げる要領で上にもち上げておしりを上にもち上げます。引っぱり過ぎないように慎重に気をつけながら、利き手でおむつとパッドを2枚一緒につかんで、少しずつ引っぱりだし、ちょうど腰骨の上下に2つの固定テープがくる位置ま

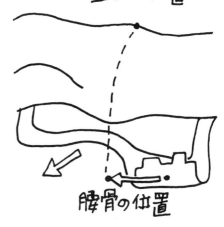

おむつを片側ずつ
ななめにひっぱって
正しい位置へ

腰骨の位置

・おしり側が長すぎた場合

片手でひざをささえ
おしりをもち上げて
おむつとパッドをひっぱる

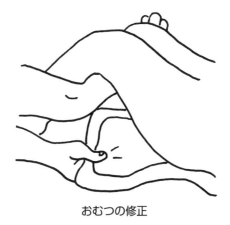

おむつの修正

でずらします。あまり勢いよく引っぱると引っぱりすぎになり、そう
なるとはじめからやり直しになりますから、ほんの少しずつ動かすの
がコツです。介護をする家族が小柄だったり、あまり力がない場合に
は、横向きにして片側ずつ引っぱるほうが楽かもしれません。尿とり
パッドだけずれてしまったときは、片側に横向きにするだけで比較的
簡単に修正ができます。パッドの端の部分がきちんと広がっているか
どうか向こう側から最後にチェックをしておきましょう。

　修正はよけいな手間です。ごろごろと横向きにされることは、本人
にとっても負担です。修正をしないですむように、最初からきちんと
正しい位置に設置するようにしましょう。

3枚目のパッドのあて方

　からだを上向きに直したあと、おむつを閉める前に3枚目の新し
いパッドをあてます。3枚目の使い方ですが、女性の場合は、男女兼
用尿とりパッド薄型2回用の真ん中を凸にし（パンツ型おむつ用の
薄い製品がかさばらず使いやすいです）、アコーディオンのように両
側を凹凸凹凸と折って股にはさむのですが、尿の出口にギザギザを縦
にあてます。男性は袋状パッドを使用するか、男女兼用パッドを使う
場合は、片側の横縁ギャザー部分から外側を後ろに折り、性器のつけ

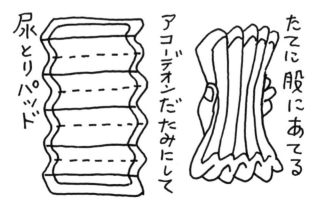

パッドの使い方

根の下側にあて、竹皮で納豆包みを作る要領で、片側を上向けに三角
形に折り上げ、次に先端部を少し重ねてから反対側も折り上げ、3角
形に包む袋状にします。なお、尿とりパッドのつけ方は "おむつのあ
て方" などで検索するとネットで動画も見つかると思います。

体を動かせない人のパッド交換

　おむつの交換は今までお話ししたように、体を横向きにしておこな
いますが、じつは、ごろんごろんと体を横に回転させられること自体、
けがをしていて痛みや傷のある人、大たい骨や骨盤などを骨折してい
る人、めまいのある人にはたいへんな苦痛です。しばらくはあまり動
かさないほうがよいような場合には、おむつ自体の交換は最小限にし、
なるべくパッドだけを交換するようにしますが、仰向けに寝たままの
姿勢でほとんど体を動かさずに、パッドを新しいものにかえる方法が
ありますから、以下にご紹介しておきます。あくまでもこんなふうに
もできるという一例です。

ポリ袋のすべりを利用した上向きパッド交換

　普通、仰向けに寝た姿勢のままではパッドの交換はとてもしにくい
ものですが、スルスルの半透明ポリ袋を利用すると、本人にも苦痛が
少なく、交換作業が比較的楽にできます。

　おむつを広げて汚物を取り除いてきれいにしたところで、まずおむ
つの上の汚れたパッドの下に、手袋の手で半透明のポリ袋を奥まで差
し込みます（129頁イラスト 1）。

　次に差し込んだポリ袋の手前の端が動かないように左手で押さえな
がら、右手でそのポリ袋の上に新しいパッドを置いてすべらせながら
奥まで差し込みます。新しいパッドを差し込み終わったら、そのパッ
ドの上にもう1枚ポリ袋を差し込みます。ポリ袋とポリ袋で新しい
パッドがサンドイッチ状態になり、その上に使用中の古いパッドがあ
る状態です（129頁イラスト 2）。1回でまとめて差し込もうとして
も残念ながらうまくいきませんから1枚ずつ差し込みます。

　こうして準備をしておいて、前側からなるべく奥まで洗浄をし、股

下を手の甲で保護しながら、汚れているパッドを引っぱってはずします。下にスルスルのポリ袋がありますから比較的簡単に引っぱってはずせるはずです。こうするとまだ完全にきれいになっていない股下にポリ袋があたっていて、きれいなパッドはそのポリ袋の下にある状態です。ウェットティッシュや蒸しタオルでなるべく奥までおしりをきれいにふいたあと、きれいな手袋の甲で股下部分を保護しながらポリ袋を引っぱって取り去ります（129頁イラスト 3）。新しいパッドとの交換終了です。

　ポリ袋やパッドを押し込んだり、引っぱりだしたりする力の入れ方のコツがわかると、楽に交換ができるようになりますから試してみてください。このようにすると差し入れられたり、引っぱり出されるポリ袋やパッドで股下がすれることなく、おしりをきれいにでき、新しいパッドとの交換ができます。最後にパッドの下にあるポリ袋も忘れずに引っぱってはずしてください。

　なお、横向きにできないときは、大きな長いパッドよりも4回分程度の大きさのパッドを使うほうが簡単で、本人にも痛みが少なく負担がかかりません。真ん中から差し入れたあと、パッドの横の部分がきちんと広がっているかどうか、両サイドからたしかめて直しておきましょう。ただし、1日1回は、左右どちらか楽なほうに、体を横向きにして、きちんとおしりが綺麗になっているかどうか、出っ張っている骨の部分が赤くすれていないかどうか、床ずれになっていないかどうかのチェックをかならずするようにしてください。

　以上はパッド交換には有効ですが、おむつの交換の場合は、おむつ自体が大きいので、上にご紹介した方法ではかえって、体に負担がかかってしまいます。この場合は、仰向けでほとんどの作業をし、なるべく右か左どちらか楽なほうに1回短時間横向きにするだけですべての作業をすませるようにします。動かす回数をなるべく減らすだけでも、ずいぶん痛みが軽減できるはずです。

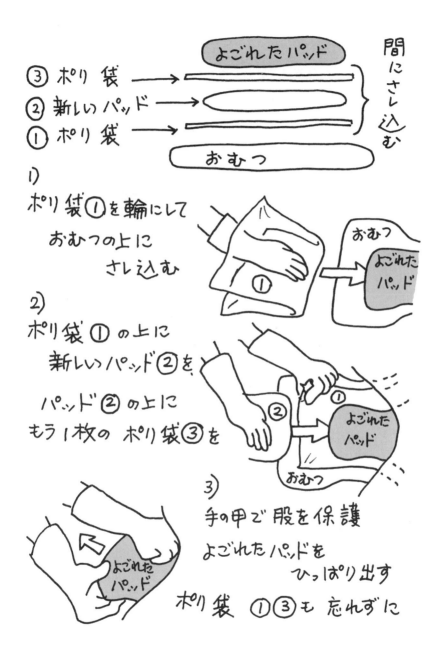

③ ポリ袋 →

② 新しいパッド →

① ポリ袋 →

よごれたパッド

間にさし込む

おむつ

1)
ポリ袋①を輪にして
　おむつの上に
　　　　さし込む

おむつ
よごれた
パッド

2)
ポリ袋①の上に
　新しいパッド②を、
　パッド②の上に
もう1枚の　ポリ袋③を

よごれた
パッド

おむつ

3)
手の甲で股を保護
よごれたパッドを
　　　　ひっぱり出す
ポリ袋　①③も　忘れずに

よごれた
パッド

ポリ袋利用のおむつ交換

おむつの交換は、言葉で説明すると複雑そうですが、実際に作業をしてコツがわかると自然にスムーズにできるようになります。流れだけよく頭に入れ、実際に挑戦して慣れましょう。以下に、よけいな手間、労力を省くためのコツをまとめておきます。

- 体を横向きにする前に、突然の尿対策をしておく
- ひざを曲げてから体を横向きにする
- おむつは、最初から上下左右の位置をきちんと設置する
- 先に新しいおむつを下に敷いて準備をしてから汚れたものをはずす
- 尿と便がなるべく混じらないようにする
- 汚物、汚れをよく取り去ってから洗浄し、洗浄で汚れを広げないようにする

家庭でのおむつ交換は、こうした点に気をつけるだけでトラブルがぐっと減りますから、ぜひ試してみてください。

第5章　入浴と洗髪

　風呂にゆっくり入ることは、多くの日本人にとって何よりの楽しみのひとつです。風呂好きの人には、いくつになっても気持ちよく風呂に入ってもらいたいものです。けれども高齢になると、入浴は思ったよりもずっと体力を消耗させるものになり、とくに心臓の悪い人にとっては、大きな負担となることがあります。そうした意味でも、安全に入浴ができるように、できるかぎり環境を整えて、事前によく準備をしておく必要があります。

　本人が自分で体を支えられないような状態や、寝たきりになってしまったような場合の入浴の介助を、家族が一人ですると、けがをさせてしまうリスクがとても大きくなります。室内のベッドや椅子、車いすからの移動、風呂場で入浴用の椅子や車いすを使うにしても、浴槽への移動など、介護をする家族には世話の仕方の熟練と同時に、重い体をもち上げる体力が必要になります。すべりやすい環境でもあり、とても気を使う作業になります。入浴用リフトも、ある程度の広さと段差のない環境が整っていないと、世話をする家族にとって、安全に便利に使うことができないケースもよくあります。

　コストなども考えると、このような身体状態でどうしても風呂に入りたい場合には、家族が風呂に入れるより、介護保険制度を使って、入浴サービスを利用するほうが安全なので、制度の利用をおすすめします。以下は、本人が一人で入れる場合の世話や、一人で体を支えて立てる状態で家族が介助をしたときの経験と、風呂に入る以外の清拭の仕方をお伝えしますが、くれぐれも怪我のないように、無理をしな

いのが原則です。風呂に入れたことで本人や家族に大きな怪我などが
あっては、取り返しがつきません。

浴室の環境づくり

入浴前の準備

　なんでもないことのようですが、高齢になり体が不自由になってく
ると、入浴前に着替えの衣服を揃えたり、風呂場の環境を整えたり、
風呂に入る前の支度をすること自体、一人でするのがたいへんになっ
てきます。季節によっては、温度の調整など、事前に準備しておくべ
きことも増えます。

　ただ、こうした準備は家族にとっても、よりよい入浴の環境作りに
なりますから、この機会を利用して快適な環境を手に入れるのも得策
です。冬など寒い季節は、脱衣場の温度にとくに注意をする必要があ
ります。寒い環境で服を脱ぎ、血圧が上がっているところでいきなり
熱い風呂に入り、血圧が急激に下がることで起きる湯船での事故が後
をたちません。でたあとに寒い思いをすることも、万病の元といわれ
る風邪はもちろん、血圧の高い人には極力避けるべき事態です。家や
風呂場の構造によっては、温度調整がむずかしい場合もありますが、
それぞれの条件の中でなんとか最善の環境を考えましょう。

着替えの衣服の準備

　寒い季節は、どうしても何枚か重ね着をしていると思います。そう
したときには、ショーツと 5 分パンツやズボン下、半そでと長そで
のシャツやセーターなど、衣服の脚や袖を通して重ね合わせて事前に
準備しておき、すばやく服が着られるようにしておくことも、脱ぎ着
を簡単にし、裸でいる時間を短縮して、体を冷やさないための作戦で
す。重ねた服を幾針か仕つけ糸のようなもので縫い留めておくと服が
ぐずぐずにならず、着やすくなります。脱ぐときも 1 枚ずつではな
く、全部一緒に脱いでしまうと時間が短縮できます。冬には環境を十
分に温めて、できるだけ軽く暖かい衣服を使い、厚着をしないでも快

適に過ごせるように、衣服自体も吟味する必要があります。重い服は知らないうちに肩が凝りますし、体を動きにくく反射を鈍くしますから、軽くて暖かい衣服は、高齢者には大きな助けになります。

入浴の見守り

　一人で風呂に入れる場合でも、すべって思わぬ大怪我をしたり、湯船に入っているうちに急に血圧が下がって意識がなくなるなど、事故のリスクと常に隣り合わせです。本人が一人で大丈夫だと言っても、風呂に入るときは、かならず家族が気にかけて見守るようにしたいものです。

浴槽の形と風呂場の改造工事

　風呂場の改造工事は、介護保険制度を利用しておこなわれるポピュラーな工事のひとつです。私の家でも介護がしやすいように考えて、手すりをたくさん設置して改造を試みたのですが、本人にとっては、新しい浴槽よりも、長年入りなれた浴槽のほうがずっと入りやすく安全な場合もあります。高齢者には環境の変化がそのまま事故の原因になることもよくありますから、改造はよく考えてからするようにしましょう。

　家では周囲に手すりをつけた寝そべる浴槽を介護保険で新しく作ったのですが、大きな湯船に寝そべって入る構造の浴槽は、体がすべってしまい、本人が一人で入るのも家族が世話をするのもとても使いにくいものでした。結局、古い一人用の小さな、しゃがんだ姿勢で入る浴槽、湯船の壁が直角の四角い小さな浴槽を使うことになりましたが、このほうがはるかに安全で、世話もずっとしやすかったです。ただし、風呂の中で体育座りをして入るのでは立ち上がるのがたいへんになります。風呂の中に小さな腰掛けを入れて、それに座ってもらうほうが安全です。うちでは、小さな腰掛の脚にビニールカバーのかかった鉄アレーを2つ括りつけて動きにくくして使いました。NHKの健康番組によれば、肩まで湯に浸からない少ない湯量で、ぬるめの風呂に入るのが健康にはよいそうです。胸までの湯量で、肩には湯をかける程

度で入ります。高齢者には熱い風呂好きがよくいますが、39度から40度くらいのほうが、心臓には負担がかかりません。熱すぎる風呂に入ることがないように家族がじゅうぶん注意しましょう。

転倒防止シューズの利用

　風呂場の大きな危険のひとつは足がすべることです。浴槽内にゴムのすべり止めを敷き、足を洗ったあと、はだしの上かまたは足カバーの上に室内用の転倒防止シューズを履いて浴槽に入るようにすると、比較的すべりにくく、立ち上がるとき、浴槽の内側につま先を押しつけて立ち上がってもつま先が痛くなりにくいので、一人で浴槽に入りやすくなります。それに、靴を履いて2センチほど身長が高くなることも浴槽をまたぎやすくし、入ったり出たりする動作を助けます。一人でスムーズに浴槽に入ったり出たりできるように、毎日自分で足をもち上げる体操をなるべくしておいてもらいましょう。

浴室内で便利なツール

　いずれの季節でも脱水症状にならないように、入浴前、入力後にはしっかり水分を補給しましょう。寒いときは、風呂場の外で服を脱がず、湯で温まっている風呂場内で入浴用の椅子に座って洋服を脱ぐようにします。洗う服はそのまま足元に敷いておくとよいすべり止めになります。入浴用の椅子は介護保険制度で購入が可能です。スーパーなどでプラスチック製の安価なものも見つかりますが、固くておしりが痛くなることが多いです。ひじ掛けはからだを洗うときなどに邪魔になることが多いので、ないものか可動式が使いやすいです。おしりが洗いやすいように股下が溝になっているものは、溝の幅、サイズがからだに合わないと座りにくく、おしりがとても痛いことがありますから注意が必要です。

　軽量素材、発泡スチロール製のスノコがとても扱いやすく、足元が冷たくならずすべりにくく、快適に使えます。浴槽の中で立ち上がろうとして足がすべって立ち上がれないことがよくありますから、浴槽の中にはすべり止めマットをかならず敷きます。立ち上がるときに、

足をふんばる力がないと、マットがあっても立ち上がれません。お話ししたように足がすべらないように、浴槽の内側につま先を押しつけて立ち上がることになりますが、素足のつま先では、痛くて立ち上がれません。こういう場合は、つま先にタオルを巻きつけるとすべり止めになり、立ち上がりやすくなります。転倒防止シューズを履いている場合も、靴の上からタオルを巻きつけるとすべり止めになります。
立ち上がってすぐ、浴槽の角に作った腰掛におしりをのせ、座ってしっかり手すりにつかまりながら、脚を片方ずつ浴槽の外にだすようにするととても楽です。入るときも浴槽の角の腰掛に座って足を片方ずつ浴槽の中に入れるようにします。浴槽の外ではタオルを巻いたままだと、逆にすべる場合があるので、腰掛に座っているうちにかならず、つま先に巻いたタオルははずします。

手すり

　浴槽の周囲の手すりは、浴槽の形により、どういう体の向きでどちら側につかまって入るのか、一人で入るのか、家族が介助をして入るのかにより、必要となる場所がちがってきます。適当に周囲に手すりをつけるという発想ではなく、実際に浴槽に入る具体的な動作をしてみて、手すりの必要な場所を検証しながらつけないと、場所を狭くしてしまうだけで、使いにくい役に立たないものになります。使う本人が具体的に動作をしてみて、介助をする人も介助の動作をしてみながら設置を考えましょう。

　介護用品としてよく紹介されている浴槽に直接取りつける、つかまるハンドルのようなものは、小さな浴槽の場合には足の出し入れの邪魔になります。すくなくとも出入りをする手前側にはつけないほうが無難です。むしろ浴槽の向こう側、向かい側に、立ち上がるときにがっちりしがみついて、からだを引っぱり上げられるような頑丈なつかまる場所が必要です。それは、それぞれの浴槽の大きさや風呂場の構造にもよりますから、右足からなのか左足からなのか、どのようにして浴槽に入り、どのようにつかまって立ち上がり外にでるのか、具体

的に動作をしながら、確認しながら手すりの設置を決めましょう。

　一人で入るときには、がっちりと動かずつかまることのできる手す
りが絶対に必要ですが、小さな風呂の場合には、前述したように浴槽
の角に腰掛けて足の出し入れができるような、邪魔にならない小さな
腰掛を作っておくと、一人で入る場合も、介助をする場合もはるかに
入りやすくなります。

　家では、小さな浴槽用に、小ぶりのトイレの便座のふたぐらいの大
きさの木製の腰掛けを大工さんに作ってもらい、浴槽の角に直角には
め込んで、丸い便座カバーの中にスポンジを入れてクッションにし、
浴槽に入るとき、でるときの腰掛けにしたら、とても具合がよく便利
でした。

からだの洗い方

　何度も浴槽に入ったり出たりするような入り方は、それだけでリス
クが大きくなります。浴槽に入るのは一度だけにする方が安全です。
そして浴槽の外で体を洗うのではなく、気持ちよく温まってから、西
洋式に浴槽の湯の中で洗ってしまい、上がり湯かシャワーで流してで
るようにすると、寒い思いをせず、血圧が極端に上がったり下がった
りもせずに風呂に入れます。

　浴槽から上がるときは、浴槽の角の腰掛けに座ってあたたかい湯船
に足をつけているうちに、上半身をタオルでふいてしまい、保湿クリ
ームをつけ、重ね着のかぶる衣服などを上半身に着てしまいます（下
部は濡れないようにまくり上げておく）。こうすると風呂場からでた
ときの温度差で血圧が上がる危険が避けられます。冬は、脱衣場にも
温風機などを用意し、寒い思いをさせないように極力注意しましょう
（狭い場所でのストーブは火事に注意！）。

介護をする家族の服装

　家族が入浴を手伝うときは、作業用の防水服上下か、防水のレイン
パンツスーツに長めの手袋と長靴で入浴につきあいます。

入浴後の肌の手入れ

　高齢になると冬はとくに肌が乾燥しがちになります。風呂から上がったときにすぐに保湿クリームをつけることを習慣にしていると、乾燥肌のかゆみ症状がでるのを防ぐことができます。かゆみが起きると、治療にはそれなりに経費も手間もかかりますから、できるだけ乾燥肌の症状がでないように、日ごろからトラブルが起きないように気をつけましょう。

湯しぼりタオルサウナ

　風呂に入る体力がなくなり、なかなか入浴ができなくなってしまった場合には、サウナのようなリラックス効果が得られる"湯しぼりタオルサウナ"風の清拭をおすすめします。清拭はふつう拭くだけで温めることはあまり考えません。ご紹介する方法はどちらかというと拭くより蒸すです。ベッドの上で寝たままでも、とても気持ちよく入浴したような効果が得られます。

着脱衣のさせ方

　環境を寒くないようによく温め、体の周りにバスタオルを敷いて、周囲が濡れてもよいように準備します。

　ベッド上で座った姿勢を保てるようなら、ベッドの縁に座ってもらい、まず上半身の衣服を脱いでもらいます。腕や肩などに傷や痛みがある場合、点滴漏れなどで腕が膨れているような場合には、かならず自由の利くほう、痛みの少ないほうの腕から脱がせ、痛い方を後に脱がせるようにし、着るときは反対に、自由の利かない痛みのひどいほうから着せ、比較的痛くないほうを後に着せるようにすると、苦痛を最小限におさえられ、スムーズです。脱いだ衣服はそのままにしておきます。上衣は、前開きのものが便利です。

清拭の実際

　まず首や肩から背中を次々に湯しぼりタオルを置くようにして温めます。湯しぼりタオルで蒸してサウナ効果をだし、汚れを浮かしてふ

き取るのです。

・湯沸かし器でつくるホットタオル

バスタオルでは大き過ぎてしぼりにくいので、少し大判の手ぬぐい型タオルを 4 枚使います。近くに湯沸かし器があれば、流しに洗面器などを置いて、季節により、50 度から 70 度の湯でタオルを絞りながら、やけどをしないように温度をたしかめながら、2 つ折りで体に置くようにします。

湯沸かし器が遠い場合には二人で作業ができると便利です。絞ったタオル用と使用済みタオル用のレジ袋、または保温袋を 2 枚ずつ用意し、一人がタオル絞り係をし、絞ったタオルを袋で運び、使い済みの袋と絞ったタオルの袋で湯沸かし器を往復します（タオル 6〜8 枚使用）。この方法だと重たい湯を運ぶ労力がなく、湯をこぼしたりやけどをする危険も少ないです。

・電子レンジでつくるホットタオル

ホットタオルは電子レンジでも作れます。流水で絞ったタオルをそのまま一枚ずつ半透明レンジ用ポリ袋に入れ、電子レンジでチンをすると手軽にホットタオルが作れます（袋は閉めると爆発するので、開いたままにします）。ただし、おむつ交換時の利用も考えると、電気代がかかること、レンジ内の置く場所によって均等に温まらず、熱い部分と冷たい部分ができたり、500W、1200W などパワーによりかかる時間がちがうこと、レンジで温めたタオルは冷めやすいなどの特徴がありますので、よく温度をたしかめてください。経済的に可能であればキッチン用ではなく、専用レンジの使用が衛生的です。

・ポリバケツでつくるホットタオル

または、ポリバケツに 4〜5 リットルほど湯を用意して絞るようにします。

上半身の清拭

清拭は、上半身の前と後ろ、下半身を分けて作業をします。肩から背中に湯しぼりタオルを置いているあいだに、脇の下から両腕も同じ

ようにタオルでくるんで温めて蒸してはタオルを交換します。タオルを8回ほど交換して温まったら、同じタオルで、こするのではなく、おさえるようにしながら、背中と腕をふき取り、その後また湯しぼりタオルを置いて2〜3回温めます。最後に乾いたタオルで水気をさっとふき取ります。

ここで先に背中と手や腕に保湿クリームをつけて、前開きの上衣の腕を通し、背中から羽織ってもらいます。清拭作業中も作業後も血管が全身に枝分かれするポイント、首の後ろ、背中上部真ん中あたりをよく温めておくと風邪をひきにくく、寒くありません。この部分にホカロンをつけたバスタオルかセーターなどをかけておくと万全です。せっかく温めた体が冷えて寒くならないように、作業が中断するときはかならず、バスタオルなどを体にかけます。

こうして寒くないようにしておいてから今度は首の前側、胸部、おへその下までの部分を同じように湯しぼりタオルが冷えないうちに何度も交換しながら温め、おさえるようにしてふき取り、最後にまた温めてから乾いたタオルでふき、保湿クリームをぬり、洋服の前側を整えます。

一人で作業をするときにおすすめしたいのは、4〜5リットルの湯が十分に入るポリエチレン製のバケツを2つ用意することです。これだと、途中で湯をかえずにすみます。そのバケツの上にサイズの合うざる（麺類の湯を切るポリエチレン製のざる）を置き、熱湯で絞ったタオルをざるの上に乗せてバケツの蓋、またはポリ袋でくるんだ鍋の蓋をかぶせて冷めないようにします。使用済みタオルは2番目のバケツの湯に入れて絞り、1番目のバケツのざるにあげます。冷えないうちにタオルをつぎつぎに使い、2番目のバケツの湯が汚れたら、ざるを2番目のバケツに移し、1番目のバケツに使用済みタオルを入れて絞ります。こうすると途中でバケツの湯をかえずに上半身が終了します。運ぶときは、湯をこぼしたり、やけどをしたりしないように極力気をつけましょう。

2人で清拭するとき

保温バッグ ×2
未使用タオルの保温用と
　　　もう1人が運ぶため

レジ袋 ×2
使用済タオルを入れるためと
　　　もう1人が運ぶため

1人で清拭するとき

お湯入り
バケツ
×2

ざる

ざるの上で
絞ったタオルを
保温

①

②

タオルを
洗う お湯入り バケツ

背中、うでを
むしタオルで
くるみ温める

タオル

タオル

3

体の前面も
むしタオルで温める

保湿クリームをぬり
うわぎを着せて

ホカロン

ホカロン

前あきの
うわぎ

湯しぼりタオルサウナ

141

下半身の清拭

　下半身の清拭をするときは、おしりや太もも、ひざ、ふくらはぎ、かかとや足の指などはベッドにバスタオルを広げた上に座ってもらうか、または環境によってはトイレに座っているときにおこないます。寝ている人の場合には、腰からおしり周りはおむつ交換のときにしますから、脚だけすることになります。

　上半身と同じ手順で湯しぼりタオルを冷めないうちに次々に交換しながら蒸し温め、おさえるようにしてふき取り、再度温め、乾いたタオルでふきとり、最後に保湿クリームを塗って、重ねて用意しておいた新しい下着、パジャマのズボンやトレーナーなどを着てもらいます。トイレに十分スペースがあり、近くの洗面所に湯沸かし器があって湯がでるような場合には、下半身は、トイレで作業をするととても世話がしやすいです。ただし、くれぐれも環境をよく温めて寒くないようにしてください。夏などは、上半身もトイレに座っているうちに清拭をおこなってもよいでしょう。

　体全体の清拭をするにはかなりの時間がかかります。全身を同時に裸にしてしまうと、季節によっては冷えてしまいます。上半身と下半身、前側と背中側を分けて清拭するほうが、手早くよく温められ、寒い思いをさせずに順番にタオル交換ができ、体力的負担も少なくてすみます。上半身と下半身を2日に分けてするなど、体力に合わせて、疲れないように少しずつ清拭をすることも可能です。一度に全部しなくてもよいのです。半分ずつならそれほど時間もかかりませんから気軽にできます。体調を見ながら、適宜、暖房器具で環境を温めながらおこなうとよいと思います。

寝たままの清拭

　寝たきりで、座った姿勢を一人で保てないときには、寝たままの状態で清拭をします。まず、上半身を少し起こして、体の下にバスタオルを敷き、上半身に着ているものを脱がせますが、袖を脱がせたパジャマや衣類は、体の下にそのままにしておき、あとで背中を清拭する

ときにおむつ交換の要領で取り去ります。冬など乾燥肌で皮膚が粉のようにたくさん落ちるようなら、粘着テープの掃除ツール、コロコロクリーナーがとても便利です。衣服の上やベッドの上も、コロコロすればあっというまにきれいになります。

　上向きに寝た姿勢で、首や肩からおへその下まで次々に湯しぼりタオルが冷えないうちに交換しながら、体を蒸して温めます。タオルを胸部にのせているうちに脇の下や肩、上腕部、ひじ下や手のひら、指先などを湯しぼりタオルで覆って温めます。体に乗せたタオルが冷え

ないうちに次々に取り換え、温まったらおさえるようにふき取り、最後にまた温め、乾いたタオルで水気をふきとります。上半身の前側が終わったらすぐに腕と体の前側に保湿クリームをつけてしまいます。クリームが冷たくないように、手のひらで温めてからつけましょう。

　今度は背中向きの横向きにして背中を同じように湯しぼりタオルを交換しながら温め、おさえるようにふき取り、最後にまた温め、乾いたタオルで水気を取り、保湿クリームを

左右交互に温める

タオルの使い方

具合の悪い手を先に両手を入れる

頭をすこしもち上げ

頭を入れ

ととのえる

服の着せ方

よくつけておきます。

　着ていた衣服は体が横向きのときに、丸めて体の下に押し込み、反対の横向きにして、向こう側から引っぱりだします。同時に腕が痛かったり、自由の利かないほうから着替えもしてしまいます。クリームがべたついて服が着にくい場合には、必要に応じ、ベビーパウダーを適宜つけるとすべりがよくなります。

　シャツなどかぶって着る服の場合には、上向きに寝ている姿勢で両手に袖を通し、上半身を少し起こして頭を入れ、体を片側ずつ横向きにしながら引っぱり下げます。着ている服がきちんと平らになっていないと、それが原因で床ずれになることがありますから、きちんと平らになるまで完全に引っぱります。

洗髪

　髪を洗うときは、風邪をひきやすいので、環境をよく温めてから洗うようにしましょう。風呂で一緒に洗ってしまうことができれば、風呂で洗うようにしますが、髪が長い場合や、寝たきりの場合などは、ベッドの上で洗います。椅子に座った状態で、洗面所や台所など湯沸

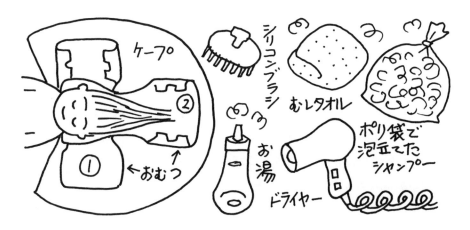

ケープ
②
①
←おむつ
シリコンブラシ
むしタオル
ポリ袋で泡立てたシャンプー
お湯
ドライヤー

寝たままシャンプー

かし器がある場所で洗うこともできますが、体力がなくなると、座った姿勢で頭を下げていることや、逆に後ろに反り返って髪を洗われることが、たいへんになります。そうなってきたらベッドの上で洗ったほうが本人は楽です。美容院で使うような体全体を覆うシャンプーケープがあるととても便利です。うちではいきつけの美容院で特別に頼んで入手しましたが、ネットでも調達できると思います。

　ベッドの上で枕をはずし頭を少し上げて、胸より上の部分、肩や頭の下から外に向けてケープを広げ、ベッドの上部全体をケープで覆うようにして使います。ケープの上には濡れたものを置くことができ、こうして洗髪スペースができます。

おむつの利用

　ベッドの上での洗髪には、おむつを利用します。外側用のおむつをケープの上、頭の下にまず横向きに広げ、次に同様に頭の下に、同じく外側用のおむつを縦に広げます。この十字のおむつの上で、女性の場合には乾いた髪を襟足から上に向ってとかし、まっすぐおむつの上に髪を伸ばしてのせ、よくブラッシングします。こうして準備ができたら、湯しぼりタオルで頭と髪をくるんでしばらく蒸します。タオルが冷えないうちに2回ほどタオルを交換します。このようにしてよ

く蒸したあと、おしりの洗浄のときに使ったのと同タイプの容器（ふりかけなどの空容器）に適温の湯を入れて、湯をかけて頭の地肌、髪を十分に湿らせます。

　ポリ袋にシャンプー・リンス両用のシャンプー、または普段使っているシャンプーを数滴たらし、水をほんの少し加え、袋を膨らました状態で上下左右に激しく振って泡をたくさん立てます。この泡を少しずつ部分的に頭の地肌や髪につけては、シリコンのシャンプーブラシでとかしてマッサージをします。

　全体の泡マッサージが終わったら、蒸しタオルで覆って、おさえるようにしながらふき取り、まずはシャンプーの泡と浮かした汚れを取り去るようにします。その後、頭を８つほどの部分に分け、部分的に湯をかけながら、シリコンブラシで髪をとかしながら洗い流します。全体が一通り洗えたら、縦に置いたおむつを反対向きにして、濡れた部分と乾いた部分を入れ替えます。そして湯をかけ、首の部分などもよくすすぎ、一度乾いたタオルで水気をざっと吸い取らせ、濡れたおむつをはずします。次に横置きにしている乾いたおむつを左右にずらしながら水を吸い取らせながらよくすすぎ流し、乾いたタオルで２回ターバンのように髪を巻いて水気をよく吸い取ります。水気がとれたら、ドライヤーで髪を乾かします（ペースメーカー使用者はドライヤーをあまり近づけないようによく注意してください）。ドライヤーが使えない場合、完全に髪が乾かない状態のときは、乾いたタオルを何回かターバンのように巻いてしばらく置いたあと、枕の上におむつや大き目の尿とりパッドを広げて頭をのせておくと、よく水分を吸い取ってくれます。手櫛で少し髪をほぐしておき、乾いてからブラッシングをします。

上手にシャンプーをするコツ

　上手なシャンプーのポイントとして、

・濡らす前に髪をよくとかしておくこと

・湯しぼりタオルで頭をよく蒸しておくこと

・シャンプーをたくさん使うとべたつきが残ってしまうので、なる
　べく少量にとどめ、できるだけたっぷり泡を立てて泡で汚れを浮
　かしとるようにする

のがさっぱりと洗うコツです。最後に必要に応じ、地肌に保湿クリー
ムやローション、髪になじませるタイプのトリートメントなどがあれ
ば使います。おむつの吸水力を最大限に利用して、ベッドの上で上手
に洗髪をしましょう。1枚のおむつは約600cc程度の水分量の吸収が
目安です。2枚で1200ccほど湯が使えます。おむつを3枚に増やし
て1800ccにすることもできますが、よほど髪が長くないかぎり、2
枚でさっぱり洗えます。

シーツや簡易マットの交換

　お風呂や清拭（せいしき）の機会を利用して、シーツの交換をしましょう。風呂
に入る場合には、本人がいないときに普通にシーツを交換しますが、
ベッド上で清拭をする場合には、清拭が終わり、着替えが終わった段
階で、本人が寝たきりでも、おむつ交換と同じ手法でシーツの交換を
おこないます。
　まず背中向きの横向きに寝てもらい、今敷いているシーツを体の近
くまで、縦に内向きに丸めます。

古いシーツを
体の下へおし込む
その下に新しいシーツを
はしを丸めて おし込む
体を返して 向う側 から 残りの作業をする

シーツの交換

147

新しいシーツをベッドの縦の中心線にシーツの中心がくるように広げ、体に近い半分は上向きに丸めて、古いシーツの下、マットレスの上に押し込みます。次に今敷いているシーツの丸めた部分も、体の下に押し込みます。今度は手前を向いて横向きに寝てもらい、体の向こう側からまず、使っていたシーツを引っぱって取り去り、新しいシーツを広げて、体を上向きに直します。簡易マットレスの取り換えも方法は同じです。必要があれば、体をマットの上ですべらせて位置を移動させます（第１章の「ベッド上のからだの移動」の項を参照／21頁）。マットの端に体をのせてさえしまえば、必要な移動は体をすべらせておこなうことができ、簡単です。

風呂の回数

　毎日入っていた風呂が１日置きになり、１週間に２回になり、週１回になり、10日に１回になっても、あまり心配する必要はないと思います。日本人は世界でも珍しいほど風呂好きな民族ですが、世界の大半の民族は、そんなに頻繁に風呂に入ったり、体を洗う習慣がないほうがむしろ普通です。まったく風呂に入る習慣がない民族もあります。先進国でもフランス人などヨーロッパ中部の民族は、冬などはとくに１か月以上風呂に入らなくても不思議ではありません。たまにシャワーを浴びるだけで、風呂には一切入らない西欧人も多いものです。

　汗をかく季節には、汗の塩分でかぶれてあせもができたりしますから、少し頻繁に清拭をするようにして、それ以外の季節は、体調を見ながら無理のないように清拭をおこなうのがよいと思います。ベッドにじっと寝ている場合など、それほど汗をかかないことも多いのですから、若いときや外で活動をしているときと同じように頻繁に風呂に入らなければならない理由はなく、本人の体調を見ながら体の清拭をするようにしたほうが、肌の過度な乾燥を避けられるはずです。高齢者はむしろ乾燥肌のトラブルが多いのですから、清拭のし過ぎには気をつけましょう。

第6章　安眠対策

　快適な眠りは、心身ともにいやしてくれる一番の味方です。これは健常者であるか認知症など介護を必要とする高齢者であるかにかかわらず、すべての人に共通です。心地よい眠りを得るためには、日々を穏やかな気持ちで過ごすこと、一緒にいる家族も含め、心から安心だと思える環境があること、眠りにつく寝具が、体に心地よいものであること、体に痛みがないことが必須の条件です。

　「第2章　食べること」でもお話ししましたが、とくに80歳を過ぎた高齢者は、いつのまにか家族が考えるよりもずっと、周囲が見えづらくなっていることがよくあります。相手がほとんど見えていない状態のとき、いきなり予告なしに体に触られつづけたら、どんなに落ち着かないことでしょう。加えて「自分はこの先いったいどうなってしまうのだろう」という不安は、心穏やかではいられない、安眠を妨げる大きな原因となります。認知症だとあきらめられ、一人きりで長時間放っておかれることで、本能的な不安が募る場合もあります。

　あるいは、突然の入院や、住み慣れた環境からの引っ越しなど、環境の変化が大きなストレスやトラウマとなって、怖い夢や妄想、幻聴や幻覚を誘発し、安眠を妨げることもあり得ます。

　体に痛みがある場合には事態はさらに深刻です。自分の居場所がよくわからず、周囲の状況がよくわからない中、果てしなくじっと一人で寝ていなければならず、しかも、体に我慢できないような痛みがあるとしたら、どんなに辛いことでしょう。強い痛みは、激痛で眠りを妨げるばかりでなく、妄想や幻覚の引き金となったり、パニックを引

き起したりします。いつまでも治らない長期につづく痛みが誰にもわかってもらえない状態は、絶望感を生み、気分を落ち込ませ、不安や恐れを増進します。

　安心できる環境におかれ、体の痛みが軽減されると、気持ちの状態も改善し、妄想が徐々に減り、快眠できるようになる場合もあるのです。その快眠が心身の状況をまた好転させ、心身のよい状況がまた快眠を生むという意味からも、寝ていて体に痛みがないこと、邪魔をされずに、目が自然に覚めるまで静かに眠らせてもらえることは、寝たきりになった人の生活の質を確保するための必要最低条件だと思います。

痛みと安眠対策

体位替えと眠りの質

　病院などでは、寝返りの打てない患者には、床ずれをつくらないために、２時間おきなどで右向き左向きと体位替えをしています。昼間は比較的問題ありませんが、夜間寝ている間の体位換えは、ただでさえ眠りの質のよくないことの多い高齢者にとっては、ただただ安眠妨害でしかありません。眠りの妨げは、認知症の悪化だけでなく、鬱や消化吸収、便秘対策などにも過酷な試練です。多くの病院では、眠りの質よりも、床ずれ防止に重点が置かれるようですが、夜間の体位交換作業自体も、夜間スタッフにはもちろん、介護をする家族にとってたいへんな負担です。質のよい眠りの確保は、介護をする人も受ける人も、家族全員が快適な生活をおくるための絶対必要条件なのです。

安眠対策のすすめ

　たしかに寝返りが打てない人には、エコノミー症候群のリスクもあります。けれども、しっかりと体重が分散されていれば、うっ血が起きにくくなりますから、家ではすくなくとも４時間ぐらいは、じっと寝ていても体が痛くならない工夫がぜひとも必要です。頻繁にトイレに起きる現象も、しっかりとお通じがあり、ベッドの寝心地がよく

なり、体が痛くなくなっただけで、実際にずいぶん改善されます。だから「寝ていて体が痛くないこと」は、もっとも解決すべき重要な条件のひとつなのです。

床ずれ

　人は高齢になると、さまざまな原因で寝たきり状態になることがあるわけですが、そうなるとたしかに大きな問題となるのが床ずれです。床ずれは、たるんでしまった皮膚や痩せて突きでた骨、たとえば肩甲骨や仙骨（背骨の一番下にあり、両側からおしりの骨に挟まれた三角形に突きでた部分）などの皮膚の下の部分が、からだの重みで常に圧迫されつづけることで、血がいきわたらず虚血状態、酸欠状態になって、組織が壊死してしまう状態です。できてしまうとあっというまにひどくなって深い穴が開いてしまい、治すには何か月もかかることがよくあります。

　高齢になると若い頃のような、ほぼ左右対称の均整のとれた体型が保たれているとはかぎりません。姿勢が悪く猫背になっていたり、長い間仕事をしていたときの姿勢や、長年していたスポーツが原因で、体がねじれていたり、ゆがんでいたり傾いていたり、変形していることも少なくありません。とくに体の左右の厚みや骨の形が大きくちがっている場合には、寝ているとどうしても片側だけに圧力がかかって痛くなることがよくあります。こういう場合には一層、床ずれができないように注意することが必要です。

　そして、こうした場合には、お決まりの左右交互の体位替えは、あまり意味をなさないことがあることだけは覚えておきたいと思います。上向きに普通に寝ていて常に片側だけがあたって痛いとき、たとえば、右だけが痛いときに、その痛い右に体重をかけて寝かせることは、ことさら痛いほうに体重をかける姿勢を強いることになるわけです。無差別の体位の左右替えは有害なこともありますから、まずはそれぞれの人の体型をよくチェックしてからおこなって欲しいのです。

　床ずれの痛みは、寝ていること自体を辛くしてしまいますから、最

善の対策は、「作らないこと」です。痛みを軽減するための痛み止めや催眠剤、睡眠導入剤は、高齢者には心配な副作用もあり、残念ながらこうした痛みにはあまり効かないこともしばしばあります。睡眠の質の悪さは、脳の機能を低下させること、認知症を進めてしまう原因となる得ることも、最近では医学的に立証されています。家族としても、寝返りの打てない人の介護をするときには、床ずれ対策が安眠対策の根幹となります。

床ずれ防止対策のためのマットレス選択

今までの床ずれ防止用のマットレスは、体の重みを分散させようという発想のものが大半です。さまざまな素材、さまざまな形態の製品が開発されていますが、これらは平均的な体型の人には、レベルの差こそあれ、それぞれ役立つものなのだろうと思います。

基本的なマットレスの選択の仕方については、たとえば以下のサイトがとても参考になりました。

・**快眠タイムズ**　https://kaimin-times.com/mattress-types-5082

ここでは、かなり詳しくさまざまなマットレスの特徴を説明しています。このサイトの記述を見ても、誰にでも快適なマットレスは存在しないことがよくわかります。とくに寝たきりになって寝返りも打てない状態の高齢者は、床ずれができる危険と常に隣り合わせですから、マットレスの硬さ、形状、質感などの選択は極めて重要な条件になります。床ずれ防止という点では、エアーマットは、たしかに普通のマットより効果があるのだろうと思います。けれども痩せて、方々の骨が出っ張っていたり、体の変形が大きい人には、エアーが入っている袋の素材やマットの凸凹の構造自体が、硬すぎてとても痛いこともあり、寝心地の点では劣ることも多く、使えないケースもあります。

そこで家では、すくなくとも最低4時間以上の安眠を、体位交換なしで確保できる方法を徹底的に模索しました。小さな凸凹が無数にあるマット、エアーマット、ゲル素材、高反発ウレタンマット、低反発ウレタンマット、両ウレタンマットのさまざまな組み合わせ、極小

ビーズの細長い抱き枕、ドーナツ型座布団等々、思いつくかぎりあらゆる入手可能な製品をいろいろ組み合わせて試してみました。以下は実際に役に立った方法のご紹介ですが、役に立つものは人によってちがいます。考え方を参考にしていただきたいと思います。

キャンプ用マットの利用

　肌がデリケートでエアーマットや介護用マットがそのままでは痛くて使えないときに、第1章でもご紹介したキャンプ用のウレタンマットをマットレスの上に敷いて使ってみたら、とても具合がよく、たいへん役に立ちました。このマットは小さくてとても軽く、もち運びがたやすく、体の下に敷いたりはずしたりする作業も簡単です。おむつ交換と同じ要領で片側ずつ体を横向きにしながら敷くとベッドに寝たままで簡単に取り替えられます、これを最初は1枚、少しヘタってきたところで、2枚重ねで使用したら体が痛くならず、とても快適に眠ってもらえました。

　3千円から4千円程度とお手頃な製品なので、3枚購入し交換しながら使用しました（例：マルチマットレス高反発×低反発2層、厚さ4×幅60×長さ180㎝）。

　使いはじめに匂いが少し気になったら、広げて風入れをするとすぐに気にならなくなります。とてもやわらかく、体を包み込む感じがあります。真夏は少し暑いので上に冷感素材の上敷きを使いましたが、冬は暖かくおおむね快適に過ごせます。ただし、体重の重い男性などは、毎日使っているとすぐにヘタルのではないかと思います。寝ている体を快適に支える素材は、それぞれの体の特徴に合わせて考える必要があり、残念ながら万能なものはないのです。

床ずれのケア

　どこの病院でも、できてしまった床ずれや、なりかけの部分の処置としては、痛い部分、傷のできた部分を洗浄し薬を塗布し、何か柔らかい素材で厚く覆うという発想の処置をよく見ました。けれども単純に物理学的に考えれば、このような処置の仕方では、出っ張っている

ことが原因で圧力がその部分にだけ集中して困っている部分を、覆うことでさらに出っ張った状態にするわけですから、圧迫は軽減されず、むしろ増してしまう計算になります。どうしてもあたって痛い部分、すでに床ずれになりかけているような部分は、単純に圧迫をまったくなくしてしまったほうが、ずっと効果的なはずなのです。

　そして実際に試してみたらその通りでした。まず骨が突きでてあたっている部分の周囲を高くして、あたる部分以外の体の体重を、低反発ウレタンマットで上手に分散させます。そして、突きでていて痛い部分は、マットレスに穴をあけてしまいまったく何もあたらない、どこにも触らず、体が浮いている状態にしてみたら、痛みがまったくなくなり、4時間から5時間は寝てもらえるようになりました。幻覚・幻聴も減って、ついには消え、できかけの床ずれも治りました。このように体の変形がマットレス開発現場で想定されている以上にひどい場合、とても痩せている人の場合、肌が特別にデリケートな場合などに一番よい対策は、とくに突きでている部位、あたる部位に、まったく圧力がかからないようにしてしまうことだと確信しています。

　そこで家庭で手軽にできそうな方法を模索しました。思いつくあらゆる素材を試した結果、素材としてとくに便利に使えたのがウレタンの低反発座布団でした。

低反発座布団の使い方

　低反発座布団と簡単にいっても、どのぐらいの体重でへこむのか、メーカーや製品によってウレタンの密度や硬さがちがいます。それぞれの人の体重や、肌や皮下の水分量、脂肪の量や骨の突きでた形の特徴により、心地よく感じる硬さ、個々の状態に合う硬さがちがうのです。いろいろ試してみて具合のよい硬さの製品を見つける必要があります。しかもはじめは具合がよくても、毎日使いつづけて体重でヘタってくると、体が沈みこんで下の硬いマットにふれてしまい、ウレタンが役目を果たさなくなってしまうこともあるので、それぞれの体重に応じた十分な厚みと硬さも必要です。

家では痩せていて体重も少なく、皮膚が特別にデリケートだったので、柔らかめの厚み5センチの低反発座布団を10枚ほど、毎日体重のかかる部分を交換しながら使っていましたが、ヘタリがひどくなったら新しいものと取り換えました。簡単で応急処置的なこんな方法でも、比較的安価に快適な寝心地が得られます。

　低反発座布団はおもに2つの使い方をしました。それぞれの部位の骨の出っ張り方により、使い分けるとよいと思います。突きでている部分が長目の場合、大きい場合、たとえばおしりの仙骨部の場合などは、体を横向きにしながら、2枚の座布団が突きでている骨の両側にくるように置きます。仙骨は出っ張りが大きいので、両側から平行に2枚の座布団をすきまをあけて置くわけです（次頁イラスト）。出っ張りの上の背中部分も、同じウレタンの低反発座布団を両側から2枚敷いて、きちんと上半身全体の重みが分散され、支えられるようにします。座布団の大きさにもよりますが、横に2枚ずつ並べて使えば、ほぼベッドの幅です。体を左右に横向きにしながら片側ずつ差し込めば、敷いたりはずしたりするのも簡単です。

　突きでている部分に穴を開けたいときは、2枚の座布団の中身のウレタンを外にだして使います。体の両側から差し込んで並べる使い方を想定し、座布団の一辺に半円ずつ穴を開け、体の左右から差し込んで使ったり、あるいは1枚の座布団の真ん中に穴をあけたり、何枚か座布団を犠牲にして一番具合のよい穴のあけ方や位置を模索しましたが、傷の大きさや突きでている状況、形によって具合のよい穴のあけ方がちがいました。いくつかの方法を試してみて具合がよい方法を見つけるのがコツだと思います。お手入れは、熱湯でしぼったタオルで押さえるようにふき、かげ干しをします。

　ウレタン材は素材で購入すると大きすぎ、家庭で扱うには不便なので、このような座布団を利用するのが大きさも手ごろで扱いやすく、一番安価な方法だと思います。

寝ていて痛くなるその他の部分

　病院でもよく見かけましたが、高齢者は掛布団の重みで足のつま先が痛くなることがあります。こういうときは、寝た状態で足のつま先よりも高さのある段ボールの箱などを足の両側に置いて、足に直接ふれないようにして布団をかけると痛まなくなります。ある病院でつま先の上を籠で覆って布団をかけているのを見かけましたが、布団の重みをしっかり支える硬さのある箱か、籠のようなものの上から布団をかけるようにして、直接つま先に布団の重みがかからないようにするのです。

　弾力性の強い靴下も、指先が痛くなる原因となりますから気をつけ

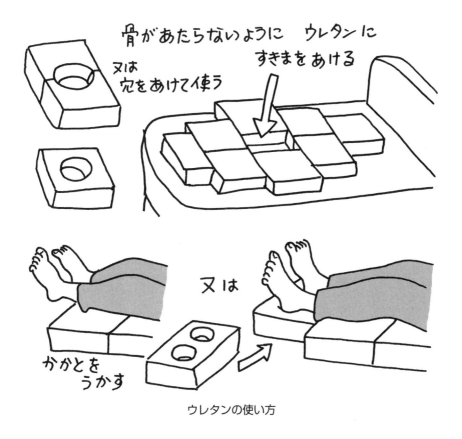

ウレタンの使い方

ましょう。靴下をはいて寝る場合には、つま先は常にゆるみのある状態であることをチェックしましょう。

　寝返りができない不動の状態でずっと寝ていると、足のかかとも常にマットレスにあたることで痛くなることがよくあります。こういうときは、たとえば、低反発座布団でふくらはぎをもち上げてかかとを浮かせたり、中のウレタンを取りだしてかかとをのせる専用マットを作ります。かかとの部分に小さな穴を開けて、かかとの先端部がマットにあたらないようにすると痛くなくなります（イラスト前頁）。ただし、使っているうちに足の重みで、かかとが穴から落ち、下の硬いマットレスにあたることがないように、毎日よくチェックしてください。

　腰骨が痛いときは、ウエストの部分にタオルや極小ビーズの小さなクッションなどをあてて、少しだけ体をもち上げ、腰骨がマットにあたらないようにすると痛くなくなります。

　同様に手のひじなどもあたって痛くなることがあります。赤くなるようなら、両脇からやわらかい極小ビーズのクッションなどを肘掛け椅子のようにあてておくと痛くなくなるはずです。

その他の安眠対策

怖い夢対策

　病院で幻覚、幻聴、妄想などで夜間に騒ぐ状態になっても、退院して自宅で落ち着いてくると、徐々にそうした現象が減り、最終的にはすっかりなくなる経験もしました。怖い夢の対策は、起きている時間にできるかぎり、穏やかな気持ちで過ごせるようにつとめ、不安を取り除くことが何よりも大切です。とくに認知症がある場合には、くり返しますが、いきなり体にふれたりせず、これから何をするのか本人が理解できるように、常に真正面から目を見ながら、ゆっくり、はっきりと話をし、穏やかにゆったりと世話をするようにすると、だんだんリラックスして騒ぐことが少なくなり、怖い夢も見なくなります。

　介護をしている家族は、自分が普通に見えているので、相手も見えているだろう聞こえているだろうと思い、何も考えずに接することが多いのですが、むしろ全然見えていないかもしれないこと、全然聞こえていないかもしれないことを想定して、ゆっくりと穏やかな調子で言葉をひとつずつ短く、子音をはっきり発音するように心がけ、毎日正面から目を見て、たくさん話しかけてみましょう。

　健常者には理解しがたいことですが、どこにいるのかよくわからない場所で、しかもよく見えず、よく聞こえない状況で、いつまでもずっと一人で放っておかれ、何時間も誰も話しかけてくれないことの心細さ、絶望感は尋常ではありません。できるだけやさしく、たくさん話しかけ、安心させましょう。意味がわからなくても言葉の調子はわかります。不安を取り除くこと、これが安眠対策には、何よりも大切なことなのです。

　夜のあいだは、自然に目が覚めたとき以外、おむつや尿とりパッドの交換も、できるだけしないようにしましょう。おしっことお通じの章でもお話ししましたが、常に便がでたい状態になっている場合には、便秘を解消し、尿の状態も上手に管理をすると、状況は改善し、すくなくとも4時間は寝てもらえるようになるはずです。

たん

　たんが絡んで苦しくなって目が覚めてしまうときは、まずティッシュペーパーでとってみましょう。使い捨て手袋をはめ、ティッシュペーパーを2枚重ねてもち、本人に口を開けてもらい、喉の奥にあるたんにふれてくっつけるようにし、ティッシュペーパーを口の中で少しずつ回転させながら、たんを巻き取るようにすると、たんが芋づる式にくっついて巻き取られ、たくさんでてくれます。いろいろなたんを取る器具やツールも試してみましたが、たんの種類や粘り気の状態にもよると思いますが、ティッシュが一番手軽でたんをよく取り除くことができました。たんを絡め取るときは、濡れてもすぐにちぎれない上質のティッシュが必要です。肺炎になったときも、はじめだけ数

のどの奥を
ティッシュでさわって
たんをくっつけ

くるくる
まわして
からめとる

たん取り作業

回、たんの吸引をしてもらいましたが、その後は、ティッシュのごみの山はできましたが、ティッシュに絡めて巻き取るだけで、問題を大きく改善できました。

　それでもどうしてもダメな場合には、たんの吸引器を使います。たんをでやすくする薬を使って吸入をする器具が一緒についているものもあります。往診の先生に相談をして、看護師さんに吸引をしてもらったり、器具をレンタルしてもらえる場合には、家族がすることもできます。

　場合によっては入手することも可能だと思います。2万円台からあり、吸入器が一緒についているものは、消費税を入れて5万5千円ぐらいでしょうか。カテーテルを喉や鼻から差し込んでたんを吸い取りますが、医師の指導を受ければ扱いはそれほどむずかしくありません。いずれにしてもたんの吸引については、往診の先生とよく相談をしてみてください。

帯状疱疹

　入院やその他の要因で精神的ストレスがたまり、体力がなくなると、帯状疱疹ができてしまうことがあります。最初の処置が遅くなるとやっかいな痛みがずっと残ってしまい、眠りを妨げる大きな原因になります。帯状疱疹の痛みには、針治療がとてもよく効きました。ごく短い置き針を痛むところに置いてもらったら、痛みがピタリと止まりました。置き針は、ネットでも手に入れることができます。往診で針治療をしてもらったあと、必要であれば、家族でもつづけることが可能だと思います。こうした痛みには、ほとんど痛み止めは効きません。痛みの種類にもよりますが、針治療はとても有効な場合もありますから、試してみる価値はあると思います。

認知症予防・鬱の不安解消エクササイズ

　認知症で自分が何もわからなくなってしまうのではないかという不安、さまざまなストレスで鬱気味になってしまいよく眠れない場合、気分転換ができにくくなっている場合などに、ほんの少し楽にしてくれる体操があります。認知症予防体操や、鬱の認知療法として知られている体操の簡単なものを組み合わせて試してみたら、とても役に立ちました。同時に脳のたくさんの部分、普段使わない部分を強制的に使わせると、脳によい刺激を与え、よい効果を生むことがあるようです。以下のエクササイズを同時にいくつかできるように少しずつ、まずは5分間だけ試してみてください。部屋の中でも可能です。

1. まず足を歩くように動かします。または歩きます。外出できる人は散歩をしましょう。
2. 足を動かしながら、ピアノを弾くように手の指を左から右に左右同時に動かします。
3. 周囲をよく見て、屋外ではまず車に気をつけ、事故がないように気を配ります。室内、屋外とも、赤や青といった色を決めて、その色のものを探します。

4. 足を動かしながら、手の指も動かしながら、よく知っている歌を口ずさみます。足と手と口を同時に動かすのです。声がだしにくい場合には、唇と歯茎の間に食べ物が挟まってしまったのを取るときのように、右回り、左回りと口の中で舌を回転させてみてください。周囲の安全によく気を配りましょう。

5. 上記の1〜4をおこないながら、簡単な計算をします。100から7を引き、その答えからまた7を引き、7をずっと引きつづけて、ゼロに一番近い数字まで計算します。100、93、86、79…終わったら今度は101から同じように7を引きます。終わったら次は102から7を引きます。

　これらを全部同時にすると、脳のたくさんの部分が強制的に動員されて、いつもとはちがった働き方を強いられ、心配事も一時的に追いやられます。脳のストレッチ体操です。はじめは2つからはじめ、少しずつ気がついたときに試して、ちょっとでも気分を軽くしてみましょう。

おわりに　認知症
―― 人のいのちとの向き合い方

　人は生まれたときは、未発達ゆえの"認知症"状態ではじまります。そして人生の終りにもまた、平均寿命を全うするような年齢にたどり着いた場合には、多かれ少なかれ老化ゆえの"認知症"と呼ばれる、なんらかの症状に見舞われて終わるもののようです。

　生まれたばかりの赤ん坊は目がよく見えません。視力だけでなく聴力、味覚、嗅覚、触覚なども徐々に発達してゆく過渡期があるようです。ものごとを認識する能力がしだいに発達してゆく過程で、人は、認知症と呼ばれる状態ととても似通った状態の時期をすでに過ごしてきているのです。周囲の人のいうことがまったく理解できず、なんでも手にしたものを口に入れてしまう状態、ものを乱暴に投げつけて壊してしまったり、大声で泣きわめいたり、排泄のコントロールが一切できない状態が一定期間つづきます。

　「これからすべてができるようになる」という将来性、希望的見込みで何もかもが大目にみてもらえる猶予期間です。それどころか「這い這いをした」とか、「立ち上がれるようになった」とか「言葉がひとつ言えるようになった」など、一つ一つできるようになることが喜びをもって迎えられ、あらゆる表情が飽きずに見守られ、ほんの些細な変化に立ち会う瞬間が大切に扱われ、おかしな発音や奇声で言葉らしきものを発しただけで、大喜びで迎えられる時期をこうして過ごしてきているわけです。この"あるがままの状態"を受け入れてもらえる乳幼児期は、人間形成の根幹、「自己肯定」の土台をつくる重要な時期をなしているのだと思います。

　けれどもこの赤ちゃんの疑似"認知症"状態の場合でも、毎晩の夜

泣きや夜のおむつ替え、ミルクの世話でつらい寝不足を強いられる新米ママたちは、近くに見てもらえる人、交代してもらえる人がいない場合には、育児ノイローゼになってしまうことも頻繁に起きるわけです。

　ましてやごく最近まで小言を言ったり、家の中ですべてを仕切っていた親が、息子や娘の顔すらわからなくなり、説明することがまったく理解できなくなってしまう状況は、子供をはじめとする家族にとって、あまりに受け入れ難いことなのでしょう。まず、家族自身がなかなか認知症を受け入れられないでいてしまうことが、認知症の人の置かれる立場をよりむずかしくしていると思います。

　10代20代で足が特別に速かったアスリートも、40代ともなれば全盛期の記録を下回るのが普通です。50代、60代で20代の体力、記録を維持することはほぼ不可能です。人間は経験の蓄積で若いときよりも逆によくできるようになること、得意になることもあります。けれどもそれも70を過ぎ80代、90代ともなれば、なかなか50代や60代と同じような集中力や体力をもちつづけることはむずかしくなります。若い頃から毎日ずっと同じ仕事を同じようにつづけている人のなかには、ほぼ同じ能力を維持できる人も稀にいますが、それは例外です。普通はだんだん気力もおとろえ、からだも若い頃のようには動かなくなってしまうものです。実際、筋肉や腱などの組織も若い頃の柔軟性は失ってしまいます。

適応力・柔軟性の喪失

　頭のほうも、記憶力は相変わらずすごいという場合でも、若い頃よりもずっと頑固になる場合があります。頑固になるということは、新しいことに対する好奇心や適応力・柔軟性を若い頃よりも失ってしまった状態だといえます。元気で頭がはっきりしているといわれる人でも、年を経ると多くの人は変化への対応が苦手になり、生活習慣をかえることが若い人よりもはるかにむずかしくなります。

　こうして年を経て、自分なりの生活習慣が強く定着してしまってい

る高齢者とのつきあいは、簡単ではありません。子供の頃からずっと同居をしていて、少しずつの変化につきあってきていれば、上手に対応ができていることもありますが、同居していなかった時期がある場合、ある日突然、価値観のまったくちがう高齢の親と同居をはじめることは、考えるよりもはるかにむずかしいことなのです。相手は柔軟性を失い、価値観の変更が大の苦手になっている人物です。多くの場合、自分の習慣をまったくかえずにつづけることを、あたりまえだと確信しているのです。相手の「変化への適応力不足」をよくよく理解してつきあう覚悟がなければ、「けんかが絶えない状況」になっても不思議はありません。

　現実生活の中で料理の味つけがおかしくなった、失せものが増えた、集中できなくなったなど、できないことがだんだん増えてきていても、自分のやり方を絶対にかえず、何ひとつ意見をかえない場合には、介護をする家族は、とても困難な状況に置かれることになります。なにしろ相手を説得しようとしてもほとんど無駄なのですから、説得しようとすればするほど、岩に頭をぶつけるようなもので、疲労感と絶望だけが残ることにもなってしまいます。

　高齢者の介護をはじめるときはまず、この「考え方がかえられない状態」こそ、多くの家族が最初に向き合わなければならない“認知症”の症状の一角だと思うべきです。考えがまったくかえられないところも、「価値観のちがいの問題」というよりはむしろ、思考的柔軟性を失っている状態であり、認知症の一部なのだと考えてよいのではないかと思います。

　日常生活が自立的にでき、自分のいる場所や家族が把握でき、曜日や日時がいえ、記憶力が普通にあって普通の会話が成り立つ場合には、もちろん認知症とはされません。けれども、人間の心身は日々刻々と変化していて、すでに20代後半からある部分の老化ははじまっているそうです。

　自分の親でなければ、案外客観的に「そうした状況もありだ」とあ

っさりありのままに受けとめられても、自分の親となるとどうしても
戸惑いや苛立ち、じれったさ、寂しさやせつなさ、説得してわかりあ
いたい、お互いに納得したいとの思いがあります。相手への期待があ
るだけに、相手が変化への適応力や柔軟性をまったく失っている状態
には思い至らないことがよくあるように思います。相手の変化に気づ
いた場合でも、どうしても認めたくないなど、肉親であるがゆえの葛
藤があり、受け入れがむずかしくなってしまうもののようです。

認知症という変化

　認知症は一人一人状況がちがいます。医学的にどこまでが正常でど
こからが認知症と線引きされるのかは別として、程度の差こそあれ、
今までとは認知の状態がちがってしまうという意味では、全員がまち
がいなく "認知症" に向かうと考えたほうが現実に近いと思います。
赤ん坊のとき全員が、未発達ゆえの疑似 "認知症" 状態を通過してき
たように、老化の過程も全員がさまざまな形で通過する、少しずつ変
化してゆく過程なのですから、そういうものだと受け入れるほかはな
いのです。

　この受け入れは、あきらめとはちがいます。変化への理解です。も
ちろんこの変化を遅らせる訓練など、有効な手段はいくつも発見され
ています。ただ、老化を完全に食い止めて死を避けることは、今のと
ころ残念ながら誰にもできないことです。

　できるかぎり心身ともに最期までよい状態で過ごしたい、とは誰も
が思っているわけです。そして、その努力も惜しまずにしたいもので
すが、まずは現状をよく把握して "あるがままの状態を受け入れるこ
と" からはじめないことには、何もはじまりません。認めたくない事
実であっても、この変化を認めないことは、人生の一部を否定するこ
とです。"老化を認めること" を拒否することは、一生のサイクルの
一部を否定し、そうありたい姿と現実の姿のギャップに苦しみ、絶望
だけが残ることにもなりかねません。

　年をとり、反射神経が鈍くなり、老眼になり、耳が遠くなり、味が

166

よくわからなくなることを、年を取ったのだからしかたがないと思えるのであれば、もの忘れがひどくなり、新しいことが覚えられなくなり、集中できなくなり、記憶が脈絡を失って混乱することもまた、自然なことなのです。それでもこの長寿時代、人生は終わりではなく、つづいていくのです。

　何もできなかった赤ん坊の時期を人間形成の過渡期として受け入れ、大切に見守ったのと同じように、人生の最期を迎える時期も、同じように消えゆく命の光が発する揺らぎの瞬間に立ち会い、一つ一つの変化や表情を大切に見守りたいものです。言葉がすぐに言えるようになる子や遅い子、早く歩きだす子、なかなか立てない子など赤ん坊によってそれぞれちがいがあるように、高齢者も人によって、できることとできなくなること、あまり変わらない部分と変わってしまう部分がちがい、それでもその人の個性や存在は、最後まで刻々と変化しながらつづいていくのです。

変化の証人としての家族

　家族にはこうした命の揺らぎに立ち会い、変化を刻一刻と見守ることのできる貴重な機会が与えられているのです。まったく自然なことなのです。無理やりに若い頃と同じ状態をいつまでも維持することだけを容認するのではなく、この刻々と起きていく自然な変化を受け入れることこそがまず、介護の第一歩なのではないかと思います。

　たしかに不便です。戸惑わずにはいられません。けれども、決して恥ずかしいことではなく、困ったことでも不幸なことでもなく、まったく自然なことなのですから、その人の命の揺らぎ、その一瞬一瞬の変化に立ち会い、すべての表情を大切に受け止め、その命の歩みに寄り添って最期まで一緒に過ごすことは、命というものと正面から向き合うことであり、なにものにも代えがたい貴重な体験なのです。

　どんなに変わってしまっても、その人の命が自分を維持しようとして自然にそなえている本能的な不安、「この先自分はいったいどうなってしまうのだろう」という漠然とした恐れは、認知症になっても多

くの人に残るものだという専門家の話をききました。認知症の多くの症状は、生を脅かされていると感じるために起きる、命の根底にある大きな不安の現れなのです。それぞれの不安の形に寄り添い見守ること、最後まで一つ一つの表情を大切に見守ることは、決して悲しい体験ではないのです。命というもののもつ驚くほどの生命力、豊かな表現力、想像を超える不思議さにふれながら、世界にたったひとつしかない尊い命の揺らぎに立ち会うことは、幼児期の成長の過程を見守る証人になったのと同じように、大切な、かけがえのない時間なのです。

認知症を加速する身体状況

　すでに本書の中で何度もお話ししてきましたが、本格的に認知症と呼ばれる状態になってしまう原因のひとつに、本人も周りもまったく気がつかないうちに目がよく見えなくなること、耳がよく聞こえなくなることがあります。このことをはっきり認識しておくこともまた、介護をする家族にとっては、とても大切なことだと思います。

　娘や息子がわからなくなったりしたら、まず、悲しんだりショックを受ける前に、双眼鏡を覗いているかのように視界が狭くなってしまったのではないかと疑ってみる必要があります。近くにいても小さく部分的にしか見えていなければ、誰だかわからない場合があるのです。受け取った情報を処理する能力のほうではなく、情報を受け取るアンテナのほうに先に欠陥が生じて、情報全体が受け取れなくなってしまう状況は、とくに目や耳の能力の低下とともに現れることがよくあります。

　老化による認知症は、たとえば、目がよく見えなくなるなど、一部の能力が欠けてしまうことで、脳が指令をだせなくなり、指令をだせないのでほかの能力が使えなくなり、使われなくなることで、脳の中で連結されるべき情報が、だんだん連結されなくなってしまう状態のようです。

　今までは普通に見えていたからずっとそうだろうと思ってしまい、相手がよく見えていないことを普通は想像しませんが、そうした事態

があり得るのです。おかれている環境も部分的にしか見えなければ、まったく知らない環境に見えてしまうこともある、ということは知っておくべきだと思います。

　赤ちゃんもはじめは至近距離で正面から見なければ認識できず、目に入らなくなったことはすぐに忘れてしまう時期がありますが、ある段階の認知症はそれとまさに同じです。話しかけるときはかならず、怖がらせないようにゆっくりと正面から目を見ながら近づき、穏やかに笑いかけながら、子音をはっきり発音して話してみましょう。

　予告なしでいきなり体に触ったり世話をしたりせず、かならずこれから何をするのかを予告し、正面から目を見つめながらいろいろな世話をゆっくりとしてみましょう。見えない、誰だかわからない人の手にいきなり体を触られて、計り知れない恐怖にかられていることもあり得るのです。徘徊や奇声をあげたり、原因なく怯えたり怖がったりする現象も、本人も自覚できていない本能的な不安や恐怖が大きな原因であること、よくわからない周囲の環境に対する不安、恐怖が大きな原因であることを指摘する専門家もいます。

ユマニチュード

　「ユマニチュード」は、フランス人のイヴ・ジネスト氏、ロゼット・マレスコッティ氏が提唱する認知症の介護をする人への提案です。アルツハイマーなど認知症の患者とどう接するとうまく世話ができるのか、実践を通じ、多くの患者への世話がうまくいった例の分析を通じて、体系的な介護技術として指導法を確立しているものです。NHKの番組でも何度か取り上げられ、日本でも知られてきていますが、認知症の人の「人間らしさを取り戻すこと」を提唱し、まず人間として相手を尊重して接することで、すべての状況が好転すると伝えています。

　実はこの試みは、認知症の人と上手につきあっている家族が皆、自然に経験的に実践していることです。家庭以外の環境、病院や介護施設などの環境では、なかなか患者や入所者に対して"家族のように"

接することができない場合もあるので、「ユマニチュード」の方法論、指導、技術はとても役に立つ、有効な方法だと思います。

技術ではなく向き合い方

ただ「ユマニチュード」も、効果のある便利な介護技術として学ぶだけでなく、手際よく処理できるように覚えるべき技術でもなく、人間の人間に対する根本的な接し方の問題、向き合い方の問題が一番大きなポイントをなしていると思います。逆にいえば、そこさえきちんできている場合には、一緒に本気で向き合おうとする気持ちさえあれば、相手のあるがままの状態を受け入れ、こちらもあるがままの状態で接しても、状況は改善されるはずなのです。

どう問題に対処するかではなく、日々の生活をどう一緒に生きてゆくか、二人、あるいは複数の人間がどう向き合い、どう共同生活を送っていくのかの問題なのです。病院で認知症の症状が進んでしまった場合でも、家に帰って穏やかに過ごし、安心できる状態になると、あきらかに状況が大きく好転することがあります。

遠慮がないだけになおさら、自分の肉親に対しては、真正面から向き合って日々を一緒に生きることはとてもむずかしいことです。強い意志と破格の馬力が欲しくなります。しかもあまり頑張りすぎてもだめなのです。赤ちゃんもお母さんがイライラしていると、それを敏感に察知して神経質に泣きやみません。相手の気分や緊張状態、イライラを敏感に察知するのです。だからいくら表面的に言葉だけ気をつけてもだめなのです。頑張りすぎると心に余裕がなくなり、張り詰めた気持ち、緊張、ピリピリイライラが直接伝わってしまいます。むしろ頑張れなくなったら、頑張れない弱くてだめな自分も見せてしまい「だめでごめん」と真正面から本気で謝ればよいのです。誰も完全無欠な人間になどなれません。こんなことを言ったら傷つけてしまう、こういうことは言ってはいけない、こんなことを言ってもわからないから、こう言わなければならないではなく、本気で向き合えば、複雑な意味は理解できなくても、こちらの気持ちはむしろダイレクトに伝

わるものです。不思議ですが、相手を本当に大事に思っていれば、それが自然に伝わるのです。

　相手の言うことがおかしい場合、「そうではない」「まちがっている」と否定するのではなく、それがそのときその人に見えている現実、その人が実際に生きている現実なのだと受け取って、その人の世界につきあうこと、寄り添うことが必要なのです。本人にはそれが真実なのですから「今はそんな風に感じているのだ」、「そんな風に見えているのだ」と受け止め、その世界に自分も参加するのです。うそをつくのではありません。相手の世界に参加するのです。相手はあるがままの姿を受けとめてもらうこと、寄り添ってもらうことを何よりも必要としているのです。コミュニケーションはなくならないのです。本気で向き合えば、一番大切な部分はダイレクトに伝わるものだと確信しています。

　ノウハウ、コツではなく、本気で相手のことをどれだけ考えられるか、相手をどれだけ大事に思えるかなのです。一人の人間が一人の人間とどう向き合うかの問題なのです。

最期の時間の証人

　介護をするとき、なぜ本気で向き合うことが大切なのか。それは、生まれたばかりのときに、あるがままの姿を認めてもらって成長してきたように、死に近づく時期も、あるがままの姿を認めてもらうことを必要としているからです。

　死んでいく前に、人は"自分の人生には意味があった"と思いたいようです。意識がある場合には、柔道を極めてそこそこのところまでいったとか、きれいな花をたくさん育てることができたとか、家族のために居心地のよい家庭が実現できたとか、自分は結構ピアノが上手だったとか、それぞれ、人は何か納得できる思いに至りたいもののようです。そして同時に、最期までそうした自分の命に立ち会ってくれる人がいた、自分をかけがえがないと本気で思ってくれる人がいた、あるがままの自分を受け入れてくれて、自分がどのように生きたのか

を知ろうとしてくれる証人がいた、というのも、本人に自覚があるかないかに関わらず、とても心穏やかになれる条件なのではないでしょうか。

　それには昔は、家族に囲まれて、子供たちを立派に育て上げたという思いと、あとのことは安心して自分のまわりにいる家族に任せられるという思い、そしてその家族に見守られて、家族が立ち会う中で旅立つことが幸せな一生の終焉の形だった時代があったのだと思います。

　はるか昔、人間というものが生まれた時代から、恐らくはそれよりも以前の生物が生まれた時代から、偶然の出会いの連鎖で、命を未来につなぐ営み、男女の営みがおこなわれ、そして生まれた人がある人と夫婦になり子を残し、その子がまたある人と出会い夫婦となり、子を残してきました。考えてみれば、その出会いが、たったひとつでもちがう組み合わせであったなら、自分はこの世には生まれていなかったわけです。この何千何万の偶然、運命的な唯一の出会いの連鎖の末に生まれた自分の唯一無二性、自分という人間のかけがえのなさ、たったひとつのかけがえのない命であることを教える仏教の影響もあるのでしょうか。日本人は最期に自分の人生のかけがえのなさを納得したいようです。"自分の人生にはどんな意味があったのだろうか"という問いの答えを見つけたいようです。そしてその自分を、実際にかげがえのないものとして扱ってくれる人がそばにいて、自分の命を最期まで見守ってくれた、と感じることが、こころ安らかに終焉を迎えるための大きな支えになることは、まちがいがないように思います。

　カトリック教のイタリアでは、「自分の人生にどんな意味があったのか」という問いは「神の意志で」ということで解決済みですから、あまり問題にはされないようです。むしろ最期の審判を受ける前に「自分は生きている間にどれだけ人に寛大であれただろうか」、「どれだけ家族や隣人のために生きることができただろうか」ということが、人生の終わりを迎えるにあたって、とても大切な思いとなるようです。こうした宗教的なものもまた、民族にかかわらず多くの人の最期の思

172

いには関係しているようです。

　本気で相手と向き合い、しっかりと命の揺らぎに寄り添ってあげること、幻覚や幻聴、妄想と呼ばれる現象も含め、命が発するさまざまな不安や恐れの表情、そのすべてをありのままに受けとめて見守ること、立ち会うこと、寄り添うことが、家族が介護をする意味だと思います。赤ん坊の成長をそばでじっと見守ったように、自分の命の揺らぎを見守ってくれ、やさしく接してくれる人は、とても心安らぐ存在であるはずです。赤ん坊が母親の懐で安心して眠りにつくように、自分が介護を受ける立場だったら、そうした人に近くにいて欲しいとは思いませんか。介護で一番大切なことは、何をどう処理するかではなく、どう向き合うかなのだと思います。

認知症のおかれた現実

　認知症の人の世話は、残念ながら片手間ではとてもむずかしいものです。仕事のことなどで頭がいっぱいになっているときは認知症の親のことなど、なかなか真剣に考えられるものではありません。仕事や家族の世話などで忙しいときは、認知症の親をお荷物と思ってしまったり、ましてや仕事をやめてまで親の介護をしなければならない状況は、多くの先進国で大きな問題となっている深刻な社会問題です。結婚年齢がずっと若かった頃は、子育てと介護の時期が重なることはまずありませんでしたが、高齢結婚、高齢出産は、人生のサイクルのあり方も変化させてしまっています。

　離職すると収入がゼロになるなど、仕事をやめて介護と向き合うわけにいかないケースもたくさんあります。そうした場合には、どうしても仕事も介護も中途半端にならざるを得ません。とくにやりがいのある仕事をあきらめなければならないような場合など、介護と向き合う出発点からしてすでに、介護の犠牲になったという思いや、仕事をやめて残念に思う気持ちがあるわけですから、認知症の相手に対して、穏やかなやさしい気持ちで接することをむずかしくします。相手に対して最初から腹を立てているとすれば、癪にさわったり、接していて

イライラしてしまうことが多くなるのは、人として自然なことです。

　これは、育児ノイローゼの母親の場合もまったく同じです。昔のような大家族ではない現代社会では、多くの場合、解決できていない深刻な問題です。赤ん坊の場合には、まあ仕方がない、しばらくの辛抱だと思えても、介護は、いつまでつづくかもわからず、なかなか「仕方がない」とは思えないわけです。しかも介護をするのが子供の世代である場合には、親に世話をされる立場だったわけですから、なおさらです。病院や施設に入ることができれば、経済的にはとてもたいへんですが、重荷の一部は解決します。あとは運を天に任せることになるわけですが、なんとなくうしろめたさが残ってしまうことも少なくありません。自分が健康を損ねたり過労死しかねない状況になったり、やりがいのある仕事ができなくなってしまう状況は、理不尽で納得できないことでありながら、どこかで親の世話をしないでいる罪悪感を感じてしまうことが現実にあるわけです。そこでなるべく、やさしく丁寧に扱ってもらえそうな施設を探し、ときおり様子を見にいくという選択が多くなるのは、どこの国でも事情はまったく同じです。

　地域に根差した病院や施設の中には、レベルの高いサポートを提供しているところもあります。けれども、それは少ないのが現実です。それでも施設を利用することは、家族が生活をしていくためには、やむを得ない場合も多く、負い目を感じる必要はまったくないのです。

向き合い方の重要性

　そうした現実の中で、病院や施設を利用したとしても、家族が本人とどう接しているかは、とても重要なことなのです。家族の態度は、施設や病院のスタッフにも自然に伝わり、家族が大事に思っていれば、病院や施設でも大事に扱ってもらえる可能性が高くなります。観察していると、頻繁に家族が訪れる人の場合と、ほとんど家族が面会にこない人の場合では、自然に扱われ方がちがってくるのは、しかたのない現実です。

　面会にいったときは、一人の人間として真正面から向き合ってみる

ことです。たとえ自宅で世話をしたとしても、誰も理想的な完璧な世話などはできないのですから、プロの世話にゆだねる選択も現実的です。面会に行き、向き合うときだけでも、毎回寄り添う気持ちで相手と接してみていただきたいと思います。イライラすることも、ヒステリーを起こすことも、パニック状態になることも、腹をたてることも人間ですから、しかたのないことです。むしろ施設にいて、毎日家で顔をつきあわせない状態であれば、より余裕をもって向き合える場合もあるのではないでしょうか。相手を本気で見守り、相手に本気で寄り添う気持ちになって、こちらの態度が変わると、いつのまにか、こちらの健康のことばかり気遣ってくれるようになっていることもあるのです。

　自宅で世話ができなくても、できる範囲で施設や病院を訪ねるだけでも、その時々の命のゆらぎを見守り、心から立ち会ってあげられれば、何かが伝わり、より穏やかな気持ちで過ごすことができるはずです。

おわりに

　母と過ごした10年間は本当に豊かな時間でした。本書を書きはじめたときは、「なあに、介護の本を書くの？」と笑っていた母でしたが、老衰で旅立ちました。最後まで自宅で見守り、母に寄り添うことができました。とても楽しい時間でした。かけがえのない時間でした。仕事をしていたときよりもむしろ密度の濃い、豊かな経験をさせてもらった時間でした。そして終わった今も、心には穏やかでやさしい思いだけが残っています。もしもまたもう一度10年間、母の介護をしなければならないとしたら、またしたいと思います。今度はもう少し上手にできるのではないかと思います。少しも悲しい体験ではありませんでした。母には最後の10年間の貴重な時間をそばでつきあってくれたことを感謝しています。周りで支えてくださった皆様、ありがとうございました。

推薦の言葉

ふれあい鎌倉ホスピタル名誉院長　峰野元明

　あなたは愛する人の死について考えた事がありますか。介護や看取りについて思いを巡らせたことがありますか。「人生で何が大切か」に病気になって初めて気づく人は少なくありません。成し遂げたかったが出来なかった事。大切な人にやってあげられなかったこと。後悔の念がふつふつと湧いてきます。治る見込みのない病気になった時、あなたはどこで最期を迎えたいですか。こんな質問に「自宅」と答えた人は54.6％です。しかし実際に最後まで自宅で過ごせた人は12.7％に過ぎません。

　核家族化の進展に伴い子どもたちは独立してしまい、高齢者の多くは夫婦だけでひっそりと生活しています。ひとり暮らしの方も多く、私の住む鎌倉市では全世帯7万4000世帯のうち、65歳以上のひとり暮らしの方は9800世帯で、これは全世帯の13％に当たります。「在宅での看取りが実現可能」と考える人は6％に過ぎず、「実現困難」と思う人は66.2％です。自宅での看取りが困難な理由には、介護する家族への負担、急変時の対応や入院への不安、往診する医師が身近にいない、自宅の居住環境が狭いなどがあると言われます。医療費や介護費用も心配の種のひとつです。医療や介護にかかる費用は、患者さんの年齢とともに増加し、85歳の一人当たりの年間の医療費は100万円、年間の介護費用は84万円、95歳では年間の介護費用は200万円と言われています。一方で年金の平均的な支給額は国民年金が月に5万5000円、厚生年金は14万7000円です。年金だけで医療や介護のすべての費用を賄うことはなかなか困難に思われます。

177

外に目を向ければ、病院は高度急性期、急性期、回復期、慢性期と機能分化し、身近な病院で一人の医師に生涯診ていただく事がむずかしい時代になりました。高度急性期病院には年に1万台以上の救急車が訪れ、患者さんの平均的な入院期間は9日間に短縮されています。救急車で搬送された患者さんは検査や治療が終わればすぐに退院を促されます。がんセンターに入院し手術が終わると外来で化学療法や放射線治療を受け、がんが再発すれば「ホスピスか在宅ですね」「近くに診ていただける病院や、往診していただける先生はいらっしゃいますか」と言われます。私達は退院後にどんな療養生活を送っていったらよいのでしょうか。途方に暮れている方も多くいらっしゃることと思います。

　このような世の中の動きの中で、残念ながらこれまで、在宅介護について特別なマニュアルはほとんどありませんでした。患者さんの病状、家族の状況、家庭環境は様々であり、医療を担当する医師の考え方も一様ではありません。個々のケースにつき現場での医師や看護師、介護士の臨機応変な対応が必要であり、介護のマニュアルを作成することは、とてもむずかしいことであったからです。

　著者の八木宏美さんは、長年住み慣れたイタリアから帰国し、10年間に渡り、鎌倉の自宅で母親の介護をしてこられました。本書はその介護の記録でもあります。介護を通じて気づいたこと、技術的に自分なりに工夫したこと、いろいろなノウハウを筆者は克明に記録してきました。主治医として私は、母親の和子さんの往診をしながら、その介護をする宏美さんの姿を間近に見てきました。奔放な母親は、娘さんの介護以外は容易に受け入れようとはせず、少々手のかかる患者さんでした。本書はある意味で、24時間365日掛ける10年間の、母親に対する娘さんの格闘の記録とも言えます。宏美さんの介護と献身により、母親の八木和子さんは、ご自分の半生の記録とも言うべき

『ある正金銀行員家族の記憶』を 2012 年から 5 年の歳月をかけて書き上げ、2018 年 3 月に永眠されました。この、大正から終戦までの激動の時代のノンフィクションの記録は、宏美さんの手により 2019 年 3 月、港の人出版社より出版されました。

　口腔ケア、食事介助、排泄、清潔（入浴、清拭）、スキンケア、体位変換など家族のしなければならない日々のケアは多く、次から次へと尽きることはありません。圧迫骨折による腰痛、変形した膝の痛み、仙骨部や殿部にできた褥瘡への処置など、家族にとっては初めての経験に戸惑うことが少なくありません。食欲低下、嘔吐、便秘、胸の息苦しさにはどのように対処したらよいのでしょう。著者の宏美さんにとっては、母親のこれらの様々な要求に辛抱強く対応してきた 10 年でした。宏美さんは、母親の介護を通じて気づいたことやノウハウのひとつひとつを、こまめに書き留めてきました。そういう意味で普通には気づきにくいこと、見逃しやすいことについても、本書では看護師やヘルパーさんと一味ちがう言葉で、きめ細かく書き込まれています。本書は、あなたがどうしたらよいか困っている時に心の支えとなり、あなたの技術的な疑問に答えてくれるでしょう。

　死を前にして人はいったいどんなことを考えるのでしょう。出来ていたことができなくなった時、誰でも無力感や喪失感が大きくなり、イライラし、怒りっぽくなったりするにちがいありません。「自分自身に忠実な人生を生きたかった」「もっと多くの時間を家族とともに過ごしたかった」「大切なあの人ともう少しの間、人生を共に歩みたかった」などこれまでの生き方に対する後悔が次から次へと湧いてくるのではないでしょうか。「なぜ私だけこんな病気になったの」「あの先生がこの病気をもっと早く見つけてくれたら」という運命や医師に対する怒り。「誰かここに居て欲しいのに誰も来てくれない」という寂しさやイライラ感。このような心の動きに対して私達はどのように

接したらよいでしょう。どのような言葉をかけたらよいのでしょうか。あなたは病人の言葉に耳をかたむけ、その声を受け止め、互いに心を開いて語り合うことができますか。体や手にそっと触れて互いの気持ちを確かめ合うことができますか。

　人生は絹の織物にたとえられることがあります。「いつまで生きられるだろうか」と人生を見つめ直した時、色とりどりの糸で紡いだあの時の思い出や感情が蘇ってきます。そんな時に、あなたの隣に温かく寄り添ってくれる人がいたとしたら、どんなに嬉しいでしょう。そっと体に触れ、静かに話しかけてくれる人がいてくれたら、どれほど心が落ち着くでしょう。病む人が最期まで自分らしくいられるように支援してあげること、それが私達の役割ではないでしょうか。体が衰弱していくに伴い、人は自分の意思をしっかりと伝えることがむずかしくなります。しっかりと話せるうちに、「これからどんな生活をしたいか」「どんなふうに最期を迎えたいか」そっと聞いて差し上げ、その思いを理解し支えていきたいものです。

　人生をともに過ごしてきたそれぞれのご家族のために、あなたもまた、力を尽くして差し上げて下さい。そのことにより、あなた自身の中に、思ってもみなかった生きがいや心の安らぎを見つけ出すにちがいありません。在宅医療や在宅介護を行っていく意味は、どこにあるのでしょうか。私達は本当に、病む人や死にゆく人の心の支えになれているのでしょうか。私達は心の触れ合う医療や介護を、実現できているのでしょうか。八木宏美さんの書かれたこの本の出版を機に、私達もまた、自らに問い直して行きたいと思います。

著者紹介

やぎ ひろみ

1975 年上野学園大学音楽学部卒業。1979 年ロータリー財団奨学生として渡伊。ベルディ音楽院，ミラノ大学人文学部に学ぶ。
1989 年㈲インプット・イタリア・ジャパン社設立。翻訳や日本の官公庁・シンクタンク委託調査などの仕事をする傍ら，ボッコーニ大学経済学部講師を経て，1999 年より 2010 年までトリノ大学外国語学部オリエント学科および大学院日本部門契約教授。2004 年より日本でも日伊協会文化セミナー，文京学院大学等で講師を務める。
著書に，*Comunicare Giapponese*（日本のコミュニケーション）（Bocconi 大学 EGEA 出版，1997 年），『違和感のイタリア』（新曜社，2008 年），『しがらみ社会の人間力』（新曜社，2011 年）。そのほか，イタリアで小津安二郎の生前執筆文集 *Scritti sul cinema*（映画について）を刊行（Franco Picollo との共編共訳，Donzelli 社，2016 年），2017 年同書で CUC 国際映画学会第 15 回 Limina 賞翻訳賞を受賞。鎌倉在住。

装画と本文イラスト

横山 ふさ子（よこやまふさこ）

画家，さし絵画家，鎌倉生まれ。玉川大学芸術学科卒業。1988 年より油彩画個展を銀座「ギャラリーおかりや」にて毎年開催。2003 年より高知「ギャラリー星が丘アートヴィレッジ」でも 2・3 年毎に開催。著書に，ことばあそびのまんが『えとじのたまごとじ』（フレーベル館，2006 年），さし絵『はいけい女王様，弟を助けてください』（徳間書房，1998 年）など。

 いのちに寄り添う自宅介護マニュアル
これから介護と向き合うあなたに

初版第 1 刷発行　2021 年 6 月 25 日

著　者　やぎひろみ

絵　　　横山ふさ子

発行者　塩浦　暲

発行所　株式会社　新曜社
〒101-0051　東京都千代田区神田神保町 3-9 幸保ビル
電話（03）3264-4973（代）・FAX（03）3239-2958
e-mail：info@shin-yo-sha.co.jp
URL：https://www.shin-yo-sha.co.jp/

印　刷　長野印刷商工
製　本　積信堂

ISBN978-4-7885-1728-8　C0036

上野冨紗子＆まちにて冒険隊 著

認知症ガーデン

Ａ５判 136 頁／本体 1600 円＋税

松本光太郎 著

老いと外出

移動をめぐる心理生態学

四六判 336 頁／本体 2800 円＋税

園部友里恵 著

インプロがひらく〈老い〉の創造性

「くるる即興劇団」の実践

四六判 184 頁／本体 1800 円＋税

小林司・桜井俊子 著

看護・介護のための心をかよわせる技術

四六判 292 頁／本体 2200 円＋税

〈よりみちパン！セ〉シリーズ

村瀬孝生 著

増補新版 おばあちゃんが、ぼけた。

四六判 192 頁／本体 1300 円＋税